Demasiado CRISTIANO

Demasiado MUNDANO

CÓMO AMAR AL MUNDO SIN DEJARSE CAUTIVAR POR ÉL

Demasiado CRISTIANO

Demasiado MUNDANO

DICK STAUB

Vida
DEDICADOS A LA EXCELENCIA

© 2005 Editorial Vida
Miami, Florida

Publicado en inglés bajo el título:
Too Christian, Too Pagan por The Zondervan Corporation
© 2000 por Dick Staub

Traducción y edición: *David Coyotl*
Diseño editorial: *Simón Johnson*
Diseño de cubierta: *Grupo Nivel Uno, Inc.*

Reservados todos los derechos.

ISBN 0-8297-3531-3
Categoría: *Vida Cristiana/Evangelismo*

Impreso en los Estados Unidos de América
Printed in the United States of America

05 06 07 08 09 ♦ 06 05 04 03 02 01

Índice

■ RECONOCIMIENTOS

MUCHA GENTE CAMBIÓ LA TRAYECTORIA DE MI VIDA Y AUNQUE NO todos ellos estén de acuerdo con mis ideas o con el lugar en el que me encuentro, ellos han sido tan amables como para reconocerme. Por ello, yo también les devuelvo el favor, ofreciendo mis disculpas a incontables más a quienes olvide mencionar.

Mi abuelo Walter y mi abuela Cora Staub fueron influencias ejemplares y sólidas que me llevaron a conocer a Dios por medio de seguir a Jesús. Mi mamá, Ester, mi papá, Dick, Sr., mis hermanas, Becky y Ruthy y mi suegra, Pat, quienes, aunque a menudo se preocuparon porque no coloreaba dentro de las líneas, siempre me abastecieron con crayolas nuevas.

El curso de Don Kenyon sobre el libro de los Romanos me ayudó a darme cuenta de que Jesús es universal y es para todos, aun cuando la religión que lleva su nombre a menudo degenera en una subcultura poco atractiva, enclaustrada y estrecha. Cuando Bill Lane llevó el Evangelio al Mardi Gras (Nota del Traductor: El Mardi Gras es el mundialmente famoso carnaval de New Orleans, famoso por sus excesos en casi todos los aspectos y enmarcado en un ambiente sombrío y místico) o hacía análisis teológicos de las películas de Ingmar Bergman en el sueco original, yo podía escuchar al apóstol Pablo en nuestra iglesia más claramente. Me sucedió lo mismo cuando Earl Palmer vio La Guerra de las Galaxias original en sábado y la utilizó como marco de referencia para el sermón del día siguiente. David Scholer me empujó a entender el texto del Evangelio a la luz de un contexto cultural del primer siglo. También me introdujo a Chaim Potok, quien me ayudó a ver a mi propia subcultura cristiana a través de los ojos de un joven judío jasídico que lucha con su subcultura. El obispo Stenen Neill me ayudó a elaborar enfoques para dialogar con el Islam y Martin Marty me ayudó a ampliar mi diálogo dentro del cristianismo.

Art Miller y Ralph Mattson me ayudaron a entender la naturaleza de los talentos provistos por Dios y me proporcionaron una justificación teológica e ideológica para mis irreprensibles impulsos hacia lo nuevo, lo novedoso y lo diferente.

Dave Peterse y Marty O'Donnell se reunieron conmigo para desayunar cada semana durante el tiempo que escribí este libro y luego dejaron de reunirse conmigo simplemente porque me mudé a mil quinientos kilómetros de distancia.

De algún modo, Sealy y Tom convencieron a Scott y a Stan para ofrecerme un contrato para este libro. Luego, ellos convencieron a Lyn y a Lori para editarlo y a Cindy para hacer una cubierta y, antes de que algún adulto responsable interviniera, se publicó y el departamento de mercadotecnia tuvo que ver cómo venderlo. Fueron exitosos al hacer que tú lo compraras y te voy a agradecer por adelantado porque, si todo continúa de acuerdo a lo planeado, de hecho lo vas a leer.

Mi esposa, Katy, y mis hijos Joshua, Jessica, Heidi y Molly, me mantuvieron anclado al piso cuando las grandes ideas y el aire caliente amenazaron con elevar mi cabeza lejos de mi cuerpo. Ellos me amaron, perdonaron, desafiaron, rieron conmigo y me restauraron el vigor para que mi espíritu y mi mente se sostuvieran y renovaran cada día. Más que nada, todo bien y don perfecto viene de lo alto. Gracias a ti, Dios.

■ PREFACIO

El inagotable impulso hacia la auto-expresión hace casi seguro el hecho de que siempre existirán los escritores. La pregunta es si existirán lectores. No solo lectores de las páginas deportivas y del revoltijo de éxitos de librería sobre auto-ayuda y de las confesiones de los asesores de empresas. No, sino lectores apasionados que ignoren el teléfono y la televisión por unas cuantas horas para ocuparse en un libro cuya «dificultad» sea que no aplaque el ego o halague a una inteligencia limitada; el lector que honestamente cree que lo mejor y lo más profundo de lo que somos está en un estante y que leer a través del estante cambia el «yo», te cambia a ti.

DAVID REMNICK,
The New Yorker

EN JAPÓN CREEN QUE LA GENTE DEBERÍA ESCRIBIR LIBROS HASTA que cumple cincuenta años. La teoría es que, antes de esa edad, realmente no hay nada que decir que realmente valga la pena. O que tal vez tienes algo que decir pero no has vivido lo suficiente como para probar que es verdad. Me encanta el pueblo japonés. Además, cumplí ese requisito con un año de más.

Este libro es sobre mis experiencias al seguir a Jesús mientras él me conduce por el mundo. Debido a mi profesión, he tenido que desempeñarme en diferentes ambientes de trabajo: en más de cuarenta países; en un ambiente de grandes corporaciones; en unas cuantas aventuras empresariales; en una organización religiosa no lucrativa y en los medios de comunicación, tanto en la radio secular como en la radio de contenido cristiano. En cada uno de estos ambientes de trabajo intenté representar de froma efectiva el Evangelio y descubrí que eso no era una tarea fácil.

Mis incursiones iniciales dentro del mundo fueron muy semejantes al vuelo inicial de John Denver en una aeronave experimental que tuvo como desenlace su muerte. Hoy se sabe que Denver llevaba una cantidad insuficiente de combustible en su nave (su primer tanque que combustible se agotó luego de apenas dieciséis minutos de vuelo) y había recibido una capacitación inadecuada (la cual consistió simplemente en un vuelo de reconocimiento de diez minutos). Por esa razón se desplomó y falleció.

De manera similar, mis primeros años siguiendo a Jesús en el mundo se distinguieron por una falta de preparación y de recursos que pudieron haber igualmente resultado en un desastre, excepto por la gracia de Dios. Sin embargo, aunque he cometido muchos errores, evité los que hubieran resultado fatales. Por eso, tú tienes en tus manos un libro que contiene algunas de mis apreciaciones luego de más de treinta y cinco años de intentos por hacer una diferencia en mi rincón del mundo. El libro contiene veinticinco capítulos relativamente cortos. La idea es que puedas leer uno por día, y aun sin leerlo algunos días, termines en menos de un mes lo que me ha tomado más de treinta y cinco años de aprendizaje. Como diría Molly, mi hija de ocho años: «¡Creo que mi papito estaba en el grupo de los lentos!»

Espero que como mi compañero de viaje encuentres señales confiables mientras abres camino en la senda poco transitada de dar a conocer a Jesús en tu mundo, cualquiera que sea y esté en donde esté.

CAPÍTULO 1

DEMASIADO CRISTIANO, DEMASIADO MUNDANO

EN UNA ERA DE PROSPERIDAD MA-
terial sin paralelo, nuestro mundo
se desenmaraña. Cuando trabajé
como conductor de un programa
de radio me di cuenta de esto al
tener que leer cinco periódicos y
hojear diariamente novecientos
artículos selectos, al igual que leer
superficialmente un promedio de
veinte copias de reseñas de libros
nuevos a la semana. De entre todos
estos escombros de información
emerge el retrato del mundo moderno: «un lugar para vivir incómodo e insatisfactorio», tal y como
concluyó el artículo «La Depresión

del Siglo Veinte» (*Twentieth Century Blues*), publicado en la revista *Time* en 1995. La veloz proliferación de la descomposición social en nuestra vida cotidiana parece indisputable, inevitable y aún más dominante hoy, en el siglo veintiuno.

Para los seguidores de Jesús, este volátil mundo presenta una grave amenaza. Los cristianos son despreciados y odiados por el mundo debido a que viven a contra-corriente en esta cultura, Cuando se amoldan a la cultura, los cristianos se arriesgan a sucumbir ante los malos deseos del cuerpo, la codicia de los ojos y la arrogancia de la vida (1 Juan 2.16). La mayoría de nosotros conoce a personas que echaron su fe por la borda debido a los placeres pasajeros de esta era, y todos hemos experimentado y cedido en algunas ocasiones a los tipos de tentación que, si no se revisan, conducen a la contaminación de nuestro espíritu.

Hoy día, las reacciones cristianas al mundo incluyen una *retirada* de facto a un capullo protector, el *combate* en la guerra cultural o un *amoldamiento* camaleónico y ampliamente diseminado. Nuestro instinto para la supervivencia espiritual personal nos advierte que debemos estar lejos de este lugar que alterna entre lo agreste y lo tentador.

Sin embargo, e irónicamente, esta sociedad que amenaza a nuestras almas ofrece también nuestra más grande oportunidad para influenciarla, pues una sociedad desenmarañada produce gente intranquila que necesita de las transformadoras buenas noticias de Jesús.

LA MODA DE LA ESPIRITUALIDAD

Y de esta manera es que, en el incierto y angustioso momento presente, la «espiritualidad», antes un tema tabú, ha sido ahora secularizada y es un tema aceptable para la conversación cotidiana. Lo «espiritual» impregna el cine, la música y la literatura exitosa. En el libro *El dialecto de Dios en los Estados Unidos* (*God-talk in America*), la ex-editora sobre literatura religiosa del semanario especializado *Publishers Weekly*, Phyllis Tickle, concluye que «se transmite y probablemente se retiene más teología de una hora de televisión popular que de todos los sermones que se oyen también en un fin de semana en las sinagogas, iglesias y mezquitas de los Estados Unidos.»

En un periodo de tres semanas, Larry King (un popular periodista de la prestigiosa cadena norteamericana de noticias CNN. N. del t.), entrevistó por televisión al Dalai Lama, a Benny Hinn y a Billy Graham. En el aniversario número cuarenta de la carrera de King como anfitrión de un programa televisivo, Bryant Gumble (uno de los periodistas más importantes de los Estados Unidos, N. del t.), preguntó: «Larry, si pudieras entrevistar a Dios, ¿cuál sería tu primera pregunta?» King respondió rápidamente: «Le preguntaría: ¿Es cierto que tienes un hijo?».

El viaje espiritual de hoy día se lleva a cabo, con una frecuencia creciente, fuera de la estructura religiosa organizada. Esto es particularmente cierto para la nueva generación. Una encuesta del Centro Nacional de Investigación de Opinión de la Universidad de Chicago revela que, en 1998 y entre las personas de edades que oscilan entre los dieciocho y veintidós años de edad, solamente el dieciséis por ciento tenía interés en cuestiones espirituales, comparado con la generación de la misma edad veinte años antes, y con un ochenta y dos por ciento de ellos tenía interés en preguntar sobre la vida después de la muerte, comparado con solo un sesenta y nueve por ciento en 1978. Es más probable que ellos busquen respuestas a sus preguntas en una librería secular o en conversaciones acerca de películas o música recientemente presentadas, a que lo hagan en una iglesia. Debido a que la conversación sobre temas espirituales se ha trasladado fuera de la iglesia el día de hoy y hacia nuestra vida cotidiana, resulta más esencial que nunca que tú y yo entablemos relación con la gente en donde se encuentra, en medio del escabroso y accidentado mundo de hoy.

DEMASIADO CRISTIANO O DEMASIADO MUNDANO

Esto representa un problema. La mayoría de nosotros quiere dejar una huella positiva en nuestro círculo de influencia, pero desafortunadamente nos sentimos incompetentes para dar a conocer a Jesús al mundo. Hay dos razones iguales y opuestas para esto. En mi personal apreciación, la mayoría de los cristianos o son demasiado cristianos o demasiado mundanos. Los cristianos que son «demasiado cristianos» están muy cómodos dentro de la subcultura cristiana pero se sienten incómodos cuando están en el mundo. Por otro lado, los cristianos que son demasiado mundanos se sienten cómodos en el mundo pero son incapaces de integrar su fe a su vida cotidiana.

Dar a conocer a Jesús dentro del mundo requiere entablar una relación total tanto con nuestra fe como con el mundo, pero muy pocos de nosotros hemos aprendido a vivir una vida totalmente integrada de fe dentro del mundo. Paradójicamente, en mi experiencia, todos aquellos que de todo corazón se embarcan en este sendero terminan pareciendo tanto demasiado cristianos para sus amigos mundanos como demasiado mundanos para sus amigos cristianos.

Esto fue una verdad absoluta en el caso de Jesús. Lee los Evangelios y te darás cuenta cómo es que la falta de conformidad de Jesús tanto a la cultura religiosa como a la pagana lo hicieron, de alguna forma, ajeno a ambas. Los religiosos estaban desconfiados porque Jesús convivía con paganos: borrachos, prostitutas y cobradores de impuestos, por mencionar a algunos. A los paganos les encantaba la compañía de Jesús pero, a final de cuentas, se incomodaron cuando les retó a llevar a cabo cambios radicales en sus vidas. Perdonó a la mujer sorprendida en adulterio, pero también le dijo que fuera y no pecara más. Zaqueo, el cobrador de impuestos, terminó reembolsando dinero a todo aquel que defraudó y dando la mitad de sus riquezas a los pobres.

Debido a que Jesús estaba determinado a complacer a Dios en lugar de a los seres humanos, no era un conformista. De hecho, Jesús era un personaje inspirador y encantador precisamente porque Dios, y no la cultura popular o la subcultura religiosa, estableció su agenda diaria. Claramente, marchó al ritmo de una música distinta.

Ser un seguidor de Jesús hoy día requiere que practiques esa mentalidad enfocada e inconforme que produzca el mismo efecto en tu vida que el que produjo en la vida de Jesús. Si sigues realmente a Jesús, además de disfrutar de la más excelente aventura, terminarás probablemente pareciendo demasiado cristiano para muchos de tus amigos mundanos y demasiado mundano para muchos de tus amigos cristianos. Cuando realmente sigas a Jesús, invertirás una considerable cantidad de tiempo y energía en el mundo, tal y como lo hizo él y, como resultado, muchos de tus amigos religiosos pensarán que eres muy poco religioso. Por otro lado, muchos de tus amigos poco religiosos encontrarán extraño que estés tan concentrado en lo espiritual. De esta forma, terminarás pareciendo tanto demasiado cristiano como demasiado mundano.

Un amigo mío estuvo de acuerdo conmigo y me dijo: «¡Suena a que pierdes por los dos lados! ¿Por qué querría alguien terminar fuera de sincronía tanto con sus amigos mundanos como con sus amigos cristianos?». En este libro intentaré darte una respuesta convincente a esa pregunta. Además, mostraré cómo ser más efectivo en dar a conocer a Jesús dentro de tu mundo.

Para algunos, este libro servirá como un recurso educativo en cuestiones espirituales y, para otros, será de ayuda para mejorar su conocimiento de la cultura popular. En ambos casos, el resultado esperado es el progreso de convertirse en discípulos con conocimientos tanto respecto a la fe como respecto a la cultura popular, discípulos que experimenten el gozo de convertirse en una persona íntegra y en una presencia que represente a Jesús llena de confianza y de inspiración para otros.

CAPÍTULO 2

CEDE EL PASO A LA SOBERANÍA DE DIOS

CIERTO DÍA, UN VERANO DURANTE los años sesenta, mi cuñado y yo conducíamos a toda velocidad por la carretera con la capota descubierta en mi convertible MGB color azul grisáceo. Una señal en la carretera me advertía ceder el paso al tránsito que se incorporaba a la carretera desde el carril derecho. El vehículo que se estaba tratando de colar a mi carril era un camión pesado de dieciocho ruedas pero, desde lo más profundo de mi exhuberancia juvenil, le grité con todas mis fuerzas: «¡Apártate, amiguito!» Por alguna razón, el chofer del camión no se sintió persuadido a aceptar mi solicitud y terminé perdiendo el encuentro. Phil y yo todavía sonreímos por la forma en que esta historia ilustra mi acelerada personalidad.

La necesidad de cederle el paso a Dios, sin embargo, no es algo para hacernos reír. La razón más común por la que vivimos vidas desintegradas es que creemos que nuestro pequeño MGB y el camión de carga de dieciocho ruedas de Dios pueden estar en el mismo espacio. Nuestra conducta indica a menudo que, cuando uno de nosotros debe ceder el paso, pensamos que Dios es quien debería hacerlo. Esto jamás dará resultado. Søren Kierkegaard dijo que «la pureza del corazón es desear solamente una cosa» y, como ya hemos señalado, Jesús vivió con efectividad en el mundo debido a su concentrada devoción en la voluntad de Dios. Por tanto, el primer paso para lograr vidas que representen a Jesús con efectividad en el mundo es ceder el gobierno de tu vida a Dios.

Lo que aprendí en la carretera con mi MGB fue también lo que aprendí en mi vida espiritual durante mi primer semestre en la universidad. Como muchos otros de mis alumnos de universidad, viví «desenfrenadamente» y derroché mi herencia, tomando prestada una frase de la parábola del hijo pródigo. En ese momento disfruté de nuevos amigos, una nueva ciudad (San Francisco), muchísimas fiestas y una que otra clase. Esto no precisamente era la fórmula del éxito académico. En el autobús de regreso a mi hogar en Spokane durante las fiestas navideñas, me compadecía junto con Jimmie, mi amigo de toda la vida, sobre la falta de significado de la vida en general y de nuestras propias vidas en particular.

Se esperaba más de nosotros. Nuestros padres se graduaron de la universidad al mismo tiempo. Desde su juventud, la madre de Jimmie dirigió con diligencia un curso privado de verano para asegurar el éxito académico de sus hijos. Mi padre obtuvo un posgrado al mismo tiempo que mantenía a una familia y pastoreaba una iglesia en pleno crecimiento. Fui un hijo de pastor de tercera generación que llevaba sobre su estupefacta cabeza todo el peso de las grandes expectativas y de un futuro glorioso. Jimmie y yo sabíamos que íbamos por mal camino, así que acordamos pasar las vacaciones considerando nuestros malos caminos, haciendo borrón y cuenta nueva y buscando una dirección dramáticamente fresca y nueva.

Ay de nosotros, que nuestros destinos toman tan singulares vueltas y, frecuentemente, inesperados giros. Durante esas vacaciones navideñas, Jimmie tuvo que tomar un descanso involuntario de su vocación académica, pues recibió un llamado superior en la forma de un aviso de reclutamiento, una invitación personal para servir a nuestra amada patria y participar en un viaje obligatorio por Viet Nam. (A fin de que no se queden con la duda, debo decirles que sobrevivió y el día de hoy es un pastor indudablemente nada ansioso de que se revelen los detalles de sus primeros años universitarios en estas páginas). Por otro lado, yo recibí una notificación de un poder superior distinto y, de alguna manera, eso también cambió radicalmente el curso de mi vida.

Un momento que cambió mi vida

Era un nevado día en Spokane, excelente para quedarse en casa y yo estaba sentado al calor de un raquítico fuego, meditando en mi incierto destino personal. Mis padres, siempre fieles a la vida de pastor y esposa de pastor, se sintieron obligados a visitar a un miembro de la iglesia hospitalizado y me pidieron que cuidara a mi hermano Timmy.

Timmy sufría de parálisis cerebral congénita y no podía hablar ni caminar. Aunque sólo tenía diez años cuando Timmy nació, yo ya estaba distanciado y receloso de estos «asuntos de Dios» que cautivaban tanto a mi familia. Por naturaleza yo era un espíritu libre y me sentía encajonado por la casi legalista tradición en la cual fui criado. El severo daño cerebral de Timmy al nacer acrecentó mi descontento para con Dios.

No podía entender cómo era posible que un Dios de amor pudiera permitir tal devastación. No me era congruente que mis devotos y sacrificados padres recibieran tan injusto pago. Me hice el mismo tipo de preguntas que los humanos se han hecho a través de la historia, sin estar consciente de ellas y creyendo que mis preguntas eran únicas y originales, sabiendo de alguna manera por intuición que mis propias respuestas me llevarían o al nacimiento de una fe robusta y auténtica o a la amarga y abortiva muerte de la fe. De esta forma, aun cuando mudo, Timmy me decía millones de palabras, dando cauce a mi trayecto espiritual. Cualquier posibilidad de que yo pudiera abrazar la fe de forma simple e ingenua, aun cuando remota, dada mi naturaleza, pereció cuando nació mi hermano. Entre Dios y yo habría relaciones intensas y polémicas o no tendríamos ningún tipo de relación en absoluto.

Así, a los diez años de edad, mi nave de fe personal se encontró con vientos fuertes y tempestuosos. Cuando estaba por dejar la adolescencia, comencé a negociar un tipo de tregua con Dios y, a través de una larga serie de acontecimientos, en el nevado día de esas vacaciones de invierno en la universidad, entré al puerto seguro de la fe y tiré anclas. Mi fe todavía era tentativa y no estaba considerando un viaje a mar abierto. Como pasa frecuentemente, Dios tenía otros planes.

Ese día invernal, ansioso de remediar mi rebeldía, leía mi Biblia mientras Tim se arrastraba sin ayuda en el suelo.

Uno escucha historias acerca de que Dios le habla de manera audible a la gente o historias acerca de que la gente encuentra un versículo bíblico al azar directamente aplicable y que parece que Dios le hubiera hablado directamente. Esto no es lo que ocurrió ese día. Más bien, el mensaje para mí llegó a través del gemido de mi espástico hermano y su mano retorcida aterrizando en un versículo de la Escritura de la carta de Pablo a los romanos.

Timmy es mudo. Puede reír, gruñir y dar a conocer sus sentimientos y voluntad por medio de sonidos desarticulados que solo se pueden interpretar luego de años de práctica asistidos por una gran imaginación. Sin embargo, ese día sucedió algo diferente. Nunca ocurrió antes y no se ha repetido desde entonces. Mientras leía la Biblia, Timmy se arrastró cautelosamente hacia mí, se arrodilló y con mano férrea, me tomó los dos brazos, me miró a la cara e intentó decir la palabra hermano. Su equivalencia dinámica gutural explotó con toda su fuerza y saliva sobre mi cara. ¡HRRMAO!

En esta vida no escucharé un sonido más dulce.

Una mano doblada y torcida se soltó de mi brazo y cayó directamente sobre la Biblia abierta sobre mi regazo. Romanos 12:1: «...tomando en cuenta la misericordia de Dios, les ruego que cada uno de ustedes, en adoración espiritual, ofrezca su cuerpo como sacrificio vivo, santo y agradable a Dios». Cuerpos.

El cuerpo de mi hermano, está torcido por sus nervios y músculos que se mueven de manera involuntaria e intermitente, y desconectado de su central de control neurológico. Mi cuerpo es saludable, fuerte y sus movimientos están controlados. ¿Cuál de los dos—me pregunté—agrada más a Dios? ¿Es el hijo que hace lo mejor que puede dentro de las limitaciones de su mortalmente destinado caparazón o el hijo que despilfarra, en distracciones y necedades sin sentido, su capacidad para caminar, hablar y establecer relaciones entre las ideas y con la gente?

UN REINO, SOLO UN REY

Las epifanías profundas no son algo común. Déjame denominarlas momentos de decisión. Déjame denominarlas señales claras de la amplia misericordia de Dios que me llevaron de una senda de cobardía existencial, gris y estática, a una senda que reventaba de pasión.

Claridad.

En este día de invierno, llegué a una encrucijada y me di cuenta de que debía decidirme por alguno de los caminos frente a mí. Mis bancos de memoria me recordaron, involuntariamente, las palabras que escuché durante mi niñez y, en ese momento, venían a mi mente de manera instantá y sin esfuerzo alguno: «Ningún hombre puede servir a dos señores», «Buscad primeramente el reino de Dios», «Ustedes no se pertenecen; han sido comprados por precio. Por tanto, glorifiquen a Dios en su cuerpo».

Claridad.

Un camino lleva al reino de Dios, pero requiere que Dios sea coronado porque en el reino de Dios solo puede haber un Rey. Recordé vagamente la frase del teólogo holandés Abraham Kuyper: «No existe un centímetro cuadrado de la creación entera de la que Jesucristo no afirme: "¡Esto es mío! Esto me pertenece"».

Y yo, Dick Staub, un aturdido y humilde universitario de primer año, me embarqué en un cataclísmico cambio de paradigma que alteraría el curso de mi vida entera. Entendí intuitivamente, en mi limitada capacidad, que la decisión relacionada al sendero que seguiría y a quién me guiaría en ese sendero era la cuestión fundamental, esencial y de fondo, a la que se enfrenta todo ser humano cuando se encuentra con Dios.

Jesús le advirtió a sus prospectos de discípulo que tomaran esta decisión con seriedad. El suyo era un llamado radical a la auto-negación, el sacrificio, a tomar diariamente una cruz y a un deseo de seguirle a cualquier lugar que quisiera conducirles. Como me lo dijo una vez Dallas Willard, Jesús jamás llamó a nadie a convertirse en cristiano, simplemente llamó a la gente a convertirse en discípulo. La elección es clara: Jesús o quiere todo en nuestra vida, o no quiere nada en lo absoluto.

La versión Reina Valera enfatiza que hacer que Dios sea el centro de la vida es *racional* debido a que Dios ha sido tan misericordioso (Romanos 12:1). Presentarnos a Dios y vivir para Dios es nuestro más grande y profundo acto de adoración. Vivir de esta forma requiere la renovación de nuestro entendimiento, una transformación de la forma en la que piensas: del simple conformismo a la manera en la que piensa el mundo, al inconformismo correspondiente (Romanos 12:2).

Hoy día, ceder las riendas de tu vida a Dios es más radical y contracultural que nunca porque la segunda mitad del siglo veinte se ha caracterizado por una devoción total al yo. El siglo veintiuno parece ser más de lo mismo. Hemos adoptado colectivamente el mantra expresado en la canción clásica de Frank Sinatra: «Lo hice a mi manera.» Inclusive, existe una revista llamada *Yo (Self)*. La raíz de la sociedad secularista es el siguiente axioma: «El hombre es la medida de todas las cosas.» Esta glorificación del yo es tan dominante que puede llegar a extenderse a nuestras decisiones religiosas. Quién puede olvidar la entrevista del sociólogo Robert Bellah con Sheila, en su libro «Hábitos del corazón» (*Habits of the Heart*), ella le dijo que había descubierto una nueva religión: «¡El Sheilaísmo!».

El problema, por supuesto es que, axiomático a la tradición judeo-cristiana, Dios es la medida de todas las cosas. Por esto es que la perspectiva apropiada en el propio yo es el primer paso para presentar nuestro cuerpo en sacrificio vivo. Pablo dijo: «Nadie tenga un concepto de sí más alto que el que debe tener, … más bien piense de sí mismo con moderación» (Romanos 12:3). Uno de mis carteles favoritos dice, simplemente: «Dios existe. Tú no».

EL SENDERO MENOS TRANSITADO

Luego de convenir pasar las vacaciones considerando mis malos caminos, dando borrón y cuenta nueva y buscando dirección dramáticamente fresca y nueva, me puse más personal, específico y radical de lo que esperaba. Literalmente, esto fue la encrucijada en el camino. Ese fue el momento que definiría el equilibrio de mi vida.

Robert Frost escribió sobre esa clase de encrucijada en el camino: «Dos senderos se separan en una arboleda amarillenta y yo… yo tomé el sendero menos transitado. Y eso hizo toda la diferencia». Ese día de invierno decidí tomar el sendero menos transitado, enarbolando la bandera blanca, rindiéndome, sometiéndome al verdadero, nuevo y digno Rey de mi vida. El aventurero que llevo dentro sintió el profundo entusiasmo por avanzar hacia lo desconocido bajo una nueva administración.

Desde ese día he aprendido que es verdad, como se dice tan frecuentemente, que «¡el problema con los sacrificios vivos es que son capaces de arrastrase fuera del altar!». La decisión para que Dios gobernara mi vida, que tomé una vez y que alteró mi vida, la reconfirmo todos los días. Sin su gobierno es fácil caer en una vida que o es demasiado mundana o demasiado cristiana. Sin embargo, mi decisión diaria de ceder el gobierno de mi vida a Dios me aleja de ser muy mundano cuando estoy en el mundo y me mantiene yendo al mundo cuando siento que quiero estar todo el tiempo con los santos.

Agregaré un comentario aquí para aquellos de ustedes que estén casados. El matrimonio es la unión de dos personas que se convierten en una. Como persona casada, tu decisión personal de ceder a Dios el gobierno de tu vida o es mejorada o es estorbada por el compromiso con tu cónyuge. La bendición y promesa de Dios a Abraham solo podría cumplirse con la cooperación de Sara. Nuestras decisiones de mudarnos a Chicago en 1991 y de vuelta a Seattle en 1999 requirieron que mi esposa y yo discerniéramos la voluntad de Dios juntos. Debido a que yo soy altamente individualista y Kathy es «colaborativa», ella me ha enseñado mucho acerca de la reciprocidad. Lo que logremos para el reino de Dios será un testimonio de dos personas que han decidido ceder el paso a la soberanía de Dios. Tomar juntos el sendero menos transitado involucra una cesión mutua a Dios y requiere una capacidad de atención hacia la relación de tu cónyuge con él, nutrir una vida de oración juntos y disfrutar de la ayuda que Dios provee para reunir a dos personas muy diferentes y hacerla una.

En su libro *Power Through Prayer* [Poder por medio de la oración], el autor E. M. Bounds escribió: «Dios está listo para aceptar la responsabilidad total de la vida que está totalmente rendida a él». Si nunca has rendido tu vida a Dios o has caído en el hábito de jalar las riendas, oro porque le pidas a Dios que gobierne tu vida en este momento. Al rendirse continuamente a la soberanía de Dios es que puedes descubrir la resolución que hace posible vivir una vida comprometida y totalmente integrada.

CAPÍTULO 3

ABANDONA TU ZONA DE SEGURIDAD

UNA VEZ QUE HAS CEDIDO EL gobierno de tu vida a Dios y que te has comprometido a seguir a Jesús, puedo garantizarte que él te llamará a salir de tu zona de seguridad e ir hacia territorios nuevos. C.S. Lewis, en su libro *Dios en el banquillo (God in the Dock)*, lo expresa así: «No me acerqué a la religión para ser feliz. Siempre supe que lograría eso con una botella de oporto. Si usted quiere que una religión lo haga sentir realmente cómodo, ciertamente no le recomendaría el Cristianismo». Los discípulos descubrieron que esto era cierto desde su primer encuentro con Jesús y hasta el final. Sus primeras palabras fueron «sígueme». Sus palabras de despedida fueron «vayan por todo el mundo». Durante cada etapa del camino, Jesús les dijo a sus discípulos que dejaran todo lo que conocían, sus trabajos, sus hogares, sus pueblos natales. Siempre hacia destinos desconocidos. Las prestaciones que obtendrían no eran insignificantes. Él les dijo que jamás los dejaría ni abandonaría. Les dijo que, si buscaban primero su reino, él proveería para cada una de sus necesidades.

Ahora bien, estas son las noticias realmente emocionantes. Nada ha cambiado. Como descendientes espirituales de los discípulos de Jesús, se nos ordena ir al mundo exactamente como a ellos. Jesús nos quiere en el mundo para amarlo, bendecirlo y transformarlo a través de nuestra presencia y testimonio del evangelio. En realidad solamente hay dos elementos problemáticos en la orden de Jesús para «ir al mundo». En primer lugar, está la cuestión de *ir* y, en segundo lugar, está la cuestión de ir al *mundo*. Fuera de eso, ¡todo parece realizable!

QUEDARSE ES MÁS FÁCIL QUE IR

Esto resulta algo intensamente nuevo para mí. Escribo esto en un restaurante McDonald's en la ciudad de Napersville, Illinois. Nuestro agente de bienes raíces me acaba de echar fuera hace como una hora por razones totalmente comprensibles. El día de hoy nuestra casa fue puesta en venta y para el mediodía ya teníamos múltiples ofertas. Don, el agente de bienes raíces pensó que si el gregario Dick Staub permanecía en casa, echaría a perder la venta, así que le rogó a Kathy que sacara de la casa a «ese esposo suyo». Así que aquí estoy sentado.

Es un día muy emotivo y te voy a contar por qué. Quedarse es más fácil que irse. Hemos vivido aquí durante ocho años y ahora amo este lugar. Somos parte de una maravillosa iglesia en donde somos amigos de algunas de las mejores personas que conozco. Nuestro hogar está detrás de una reserva ecológica boscosa y que se completa con verdes pastos, cajitas para albergar azulejos, senderos y un río que serpentea a través de viejos robles. Estamos situados en el vecindario más lindo del mundo, en una casa decorada exactamente como nos gusta y localizada convenientemente cerca de todas las cosas que nos gustan: una piscina y canchas de tenis compartidas, un cine con treinta salas de exhibición y butacas tipo estadio, los mejores restaurantes en los suburbios de Chicago y una plaza comercial. Además, estamos a muy poca distancia, manejando o tomando un tren, de Chicago, una ciudad de clase mundial, en todos los sentidos.

Olvida que sentimos este mismo cúmulo de emociones cuando dejamos Seattle hace ocho años, y olvida que nos estamos mudando de regreso a Seattle donde tenemos todas las razones para pensar que Dios proveerá más de lo que pedimos. Olvida que por seis de nuestro ocho años aquí hemos añorado el Noroeste norteamericano y ya no veíamos cuándo mudarnos de regreso. Ahora que podemos «ir a casa», todos sentimos los más fuertes deseos de seguir aquí. Se trata solo de un hecho de la vida: quedarse es más fácil que irse.

Cuando se trata de seguir a Jesús, sólo hay un problema con este deseo humano del *status quo*. Jesús siempre está en movimiento y él quiere que le sigamos. Garantizado: durante toda su vida en la tierra él recorrió un relativamente oscuro rincón del mundo. Un erudito del Nuevo Testamento le describió como un sencillo campesino mediterráneo, y otro se refiere a él como una persona más bien rural. Visita Israel y te darás cuenta qué tan pequeño es el territorio que recorrió. Consuélate con esto, porque significa que su llamado a «ir» no siempre requiere de un viaje a través de grandes distancias geográficas. En nuestro caso, creemos que Jesús nos ha pedido reubicarnos a 3,300 kilómetros de aquí. En algunas ocasiones Jesús requirió también, durante el primer siglo, ese mismo tipo de reubicación. Los primeros cristianos escucharon sus palabras para ir a Jerusalén, Judea y hasta lo último de la tierra, así que obedecieron y llegaron a todos esos lugares. Escucha el elenco de ciudades en las que murieron los discípulos y te darás cuenta de su movilidad: Mateo, Etiopía; Marcos, Alejandría en Egipto; Lucas, Grecia; Juan, Éfeso vía Roma; Pedro, Roma; Tomás, Indias Orientales y Simeón, Persia.

Pero aun si sólo se trata de quedarse en Napesville, esta cuestión de «ir» todavía se aplica. En algunas ocasiones, Jesús le ordenó a la gente específicamente que se quedara y fuera un testigo en donde se encontraba. Después de ser sanados, ciertos nuevos discípulos quisieron subirse al autobús del evangelio y tomar camino con el Salvador viajero. Jesús les ordenó a muchos de ellos permanecer en sus propios pueblos. Él quería que todos escucharan las buenas noticias, una persona a la vez, y consideró que dejar unos cuantos testigos era la mejor manera de lograr ese objetivo. Seguramente has oído sobre predicar por medio de deambular en tu entorno. Jesús era partidario de «predicar el evangelio por medio de deambular en tu entorno».

Ahora bien, esta es la segunda cuestión realmente desafiante acerca de Jesús. Mientras que nos encanta estar dentro de la comodidad de nuestro hogar e iglesia, *Jesús nos ordena ir al mundo*. En su perspectiva, la iglesia y el hogar son refugios para el descanso y la recuperación, pero se supone que sean redes de seguridad, ¡no hamacas! Él nos envía al mundo y, ni qué decirlo, el mundo puede ser un lugar peligroso.

Te comenté *dónde* fue que murieron los primeros discípulos, pero no de conté *cómo*. Como lo dice Paul Harvey, «aquí está el resto de la historia». Aunque, inicialmente, la iglesia fue aceptada en todo Jerusalén (Hechos 2:47), no pasó mucho tiempo antes de que se hablara en contra de ella en todas partes (Hechos 28:22). Esta creciente animadversión hacia los primeros cristianos les exigió un enorme precio de parte de los seguidores de Jesús.

Esteban fue martirizado en las afueras de Jerusalén, Mateo en Etiopía. Marcos fue arrastrado a través de las calles de Alejandría hasta que murió. Lucas fue colgado de un árbol de olivo en Grecia. Juan sobrevivió a un caldero ardiente en Roma y luego murió de muerte natural en Éfeso. Pedro fue crucificado en Roma. Santiago el Viejo fue decapitado en Jerusalén. Santiago el Menor fue arrojado desde el techo del Templo y luego golpeado hasta morir con un madero. Felipe fue colgado de una columna en Hierápolis en Frigia. Tomás fue empalado en una lanza en las Indias Orientales; Bartolomé fue asesinado al arrancarle la piel mientras se encontraba vivo. A Judas le lanzaron flechas hasta matarlo, a Simeón lo crucificaron en Persia y a Pablo le cortaron la cabeza por órdenes de Nerón. Estos no son el tipo de relatos que te gustaría poner en el folleto de reclutamiento de personal para una nueva organización misionera.

Sin embargo, la gente sigue matriculándose. El destino de esos primeros mártires cristianos es compartido por sus descendientes espirituales de la actualidad. En mis viajes a China, he oído reportes de primera mano de miembros de iglesias en casas que han sido puestos en prisión y torturados por causa de su fe. Estas historias de mártires de la era moderna se puede escuchar en países de todo el mundo. Aunque no es común en los Estados Unidos de América, eso ocurre ahí también.

En 1999 todo el mundo quedó estupefacto por el asesinato de doce estudiantes y un profesor de la Escuela Preparatoria Columbine en Littleton, Colorado. Un relato confirmado y ampliamente difundido nos habla acerca de los momentos finales de una estudiante de Columbine.

Uno de los pistoleros le preguntó a una aterrorizada muchacha tendida en el piso de la cafetería si creía en Dios. Conociendo con total certeza la respuesta, fue guiada por sus convicciones a responder con honestidad. «Dios existe —dijo ella con suavidad—, y tú necesitas seguir el camino de Dios». El pistolero la miró y le dijo: «Dios no existe», y le disparó en la cabeza.

Justo el día anterior, Cassie Bernall, una de las víctimas, escribió un poema y lo plasmó en su diario.

Hoy, he dejado todo lo demás
Me he percatado de que esta es la única forma
Para conocer realmente a Cristo y para experimentar
El gran poder que lo trajo
A la vida otra vez, y para averiguar
Qué significa sufrir y
Morir con él. Por eso, cueste lo que cueste
Yo seré alguien que viva en la fresca
Novedad de vida de aquellos que están
Vivos de entre los muertos.

A través de los siglos, relativamente pocos cristianos han sido martirizados a causa de Jesús. Podemos morir nos de la pena pero muy pocos de nosotros enfrentarán la pérdida literal de la vida por causa de nuestra fe. Sin embargo, queda claro que quedarse es más fácil que ir al mundo. Pero Jesús nunca nos prometió que estaríamos en nuestra zona de seguridad. Jesús nos llama a ir al mundo. Esto es atemorizante cuando meditamos acerca del mundo hostil al que vamos, pero Dios amó lo suficiente al mundo para enviar a su propio Hijo a él, y nos llama a seguir sus huellas.

CAPÍTULO 4

■ AMA AL MUNDO

EL CRISTIANO QUE ES DEMASIADO cristiano no ama lo suficiente al mundo como para entrar totalmente en él y el cristiano que es demasiado mundano no ama a Jesús lo suficiente para constituir una diferencia mientras está ahí. Sin embargo, como discípulos se supone que debemos vivir nuestro llamado en el mundo porque Jesús nos ordenó ir al mundo como una presencia que ama y transforma. Quienes son demasiado cristianos argumentan a menudo que evitan al mundo porque Dios nos dice que no amemos al mundo o las cosas del mundo. Entonces, ¿cómo amamos al mundo y no amamos al mundo al mismo tiempo? Iniciaré con un relato de un día en la vida de un conductor de programas de polémica.

Las líneas telefónicas estaban congestionadas y todo se lo debíamos a Ann Landers. Su columna periodística esa mañana relataba acerca de un joven llamado Bob que estaba a punto de casarse. Bob preguntó si debía retractarse de la invitación hecha a la «persona significativa» de su padre Jim para asistir a su boda. Catorce años antes, Jim había hecho público su homosexualismo y, posteriormente, abandonó a la madre de Bob. Jim vivía ahora con Greg, un hombre que en todos los sentidos era una persona amable y considerada. Bob luchó con la decisión de su padre. Aunque no aprobaba su elección, Bob había llegado a aceptarlo. Llegó el tiempo en el que Bob y su prometida Carol socializaron con Jim y Greg.

Cuando los padres de Carol supieron sobre esta unión homosexual, se molestaron en extremo y demandaron que Greg no asistiera a la boda. Cuando Greg se enteró de la situación, comentó que entendía y le dijo a Bob que voluntariamente se ausentaría del acontecimiento. Pero el padre de Bob estaba sumamente ofendido y le pidió a su hijo que reconsiderara. Tú juzga. ¿Qué harías en esta situación?

Las llamadas llegaron rápido y eran intensas. «Qué ridiculez de parte de los padres de la novia. Si Bob y su prometida dejan que los padres de ella tomen esta decisión, no dejarán de interferir en su matrimonio». «El padre de Bob sólo está cosechando las consecuencias de su acto pecaminoso. Primero abandona a su esposa y luego se involucra con un hombre. Debería sobreponerse de su dolor y aceptar las consecuencias de sus acciones». «Creo que lo que está haciendo Greg es admirable. Esta pareja debería aceptar su oferta pacificadora como si fuera un maravilloso regalo».

Entonces entró la llamada de Pete, desde Long Beach:

—No solamente deberían decirle a Greg que no asistiera, ellos deberían asegurarse que solamente asistan a ella cristianos nacidos de nuevo.

—¿Y eso por qué? —pregunté.

—El matrimonio es una ceremonia cristiana, un sacramento, y no deberíamos contaminarla con la presencia de no creyentes.

—¡Eso me suena a una posición bien radical!

—Ese es tu problema, Dick, tú no entiendes la importancia de nuestra separación del mundo.

—¿De verdad? Continúa.

—La Biblia lo dice claramente. No debemos tener amistad con el mundo. La amistad con el mundo es enemistad contra Dios. Dick, si creyeras en esto, ¿por qué habrías de reseñar películas todos los jueves en tus programas?

—¿Y el cine qué tiene que ver en esto?

—Se supone que no debemos amar al mundo o las cosas del mundo. El mundo está contaminado de pecado y Dios ¡de cualquiera manera lo va a destruir! ¡El cine es cosa del mundo! No deberíamos perder nuestro tiempo hablando de él. Y, ciertamente, los cristianos no deberían ir al cine».

—Pete, solo para estar seguro de que te entendí, ¿tú invitarías a tu boda a cristianos que van al cine o están en tu lista de no invitados junto con los homosexuales y los no cristianos?

—Un verdadero cristiano no iría al cine pero, ¿sabes qué, Dick? Eres un imbécil y no quiero perder más mi tiempo tirando mis perlas a los cerdos como tú». Click. Colgó.

En ese momento estoy en el cielo de los programas de polémica porque las líneas de teléfono están ardiendo de congestionadas. Pero, al mismo tiempo, estoy preocupado por Pete y por lo que dijo.

¿DEBEMOS AMAR AL MUNDO?

¿Cómo es que Pete llegó a la conclusión de que solamente los «cristianos nacidos de nuevo» deberían asistir a una boda cristiana? ¿Cómo es que concluyó que los verdaderos cristianos no van al cine? ¿Y qué tiene que ver con todo esto la destrucción del mundo? A su manera, Pete articuló ideas apoyadas en varias formas y grados de intensidad por algunos cristianos de hoy día. Su lógica se desarrolla más o menos así: El planeta tierra es un lugar malvado destinado a la destrucción. Antes de la salvación, la gente es malvada. Luego de la salvación, los cristianos aspiran a la santidad, lo cual les exige separarse del mundo y de todo lo que está en él. La única razón para estar en el mundo es para anunciar la santa ira de Dios y para «salvar a tantos pecadores como se pueda». Jesús viene pronto, y este desdichado planeta y todos sus patéticos habitantes serán destruidos. ¿La conclusión? Nuestro único valor como humanos es nuestra asociación con Dios, de otra forma somos una desgracia. Para resumir: Dios es bueno, el mundo es malo, los cristianos son buenos, y todos los demás son malos.

Pete basa su enfoque en ciertas referencias bíblicas que yo creo que malinterpretó y aplicó equivocadamente. «No amen al mundo ni nada de lo que hay en él. ...Porque nada de lo que hay en el mundo ... proviene del Padre sino del mundo» (1 Juan 2:15-16). «¿No saben que la amistad con el mundo es enemistad con Dios?» (Santiago 4:4).

¿Te has percatado alguna vez de esta aparente esquizofrenia acerca de la relación de Dios con el mundo y nuestro propio llamado a ir hacia él? ¿Cómo puede Dios amar al mundo (Juan 3:16) y ordenarnos amar hasta a nuestros enemigos y, sin embargo, al mismo tiempo, nos ordene no «amar al mundo ni a las cosas que están en el mundo» (1 Juan 2:15)? ¿Cómo puede enviar Dios a su Hijo al mundo, ordenarnos ir al mundo y sin embargo, al mismo tiempo, nos ordene: «apártense» y «salgan de en medio» de los incrédulos (2 Corintios 6:17)?

¿Entonces? ¿Dios ama al mundo? ¿Nosotros deberíamos amarlo? ¿El mundo es completamente malo y hay que evitarlo, o se nos permite disfrutarlo? Una respuesta correcta requiere entender la variedad de formas en las que la palabra *mundo* se utiliza en el registro bíblico. También requiere entender las implicaciones del papel de Dios tanto como Creador como Salvador.

EL SIGNIFICADO DE LA PALABRA

En primer lugar, démosle un vistazo a la cuestión del idioma. Los idiomas antiguos tenían una variedad de palabras que definían *mundo* y múltiples significados para cada palabra. Dependiendo de la palabra y del contexto en el que aparece, hay al menos cinco diferentes significados en la Biblia. *Mundo* se utiliza para describir (1) el universo y el orden creado, (2) el escenario de la actividad humana, (3) el lugar o la gente que Dios desea salvar, (4) la raza y sistemas caídos en enemistad con Dios y (5) una era transitoria que se acabará. Conocer qué palabra se usa en cada contexto es esencial para aplicar apropiadamente en nuestras vidas el significado de un versículo determinado.

En segundo lugar, Dios no solamente es nuestro Salvador sino nuestro Creador. Es imposible enfatizar en exceso la importancia práctica de reconocer este hecho. Debido a que Dios creó a los seres humanos, poseemos un valor inherente para Dios exactamente en la forma que nuestros hijos lo poseen para nosotros. Este valor se extiende a todos los seres humanos sin importar sus creencias religiosas o su conducta. Más aún, debido a que fuimos creados a imagen de Dios, todos los seres humanos, aunque manchados por el pecado, reflejamos trazas de una capacidad dada por Dios para diferenciar el bien del mal, para las relaciones interpersonales y para la creatividad en nuestras obras. Por eso, también, todas las culturas humanas reflejan la presencia de la imagen de Dios de alguna forma y medida. El mismo planeta tiene un valor inherente como el lugar que Dios creó para que los humanos habitaran.

El enfoque de Pete reduce todos los usos de la palabra *mundo* a uno solo, un pueblo y lugar en enemistad con Dios, e ignora luego a Dios como Creador, enfocándose solamente en Dios como Salvador. Como resultado, la vida humana consiste solamente en «salvarse», «separarse de los mundanos» y después, dejar pasar el tiempo hasta que Jesús regrese y Dios destruya este desdichado lugar. Pete soslaya lo que los reformistas denominaron *gracia común*, esa traza residual de Dios en todos los seres humanos que les otorga un sentido de justicia, belleza y verdad. La gracia común, esta conciencia de la sombra de la imagen de Dios impresa en toda la gente, nos capacita para disfrutar de los aspectos buenos del planeta tierra, de sus habitantes y de sus culturas. Al ignorar la variedad de formas en las que se utiliza en la Escritura la palabra *mundo* y al olvidar las poderosas implicaciones de Dios como Creador de todos los seres humanos, Pete y otros con este punto de vista a menudo poseen ideas distorsionadas de lo que Dios espera de ellos en el mundo. Esto puede resultar en relaciones dolorosas y actitudes negativas hacia quienes no comparten su perspectiva particular, y les abstiene de disfrutar la vida abundante prometida por Jesús.

Ya que tenemos una perspectiva más amplia acerca de quién es Dios y qué significa en la Biblia «el mundo,» permíteme describir tres formas en las que Dios ama al mundo.

DIOS AMA AL PLANETA TIERRA

Luego de cada una de sus obras creadoras, Dios dijo: «Es bueno» y, aunque manchado por el pecado, el universo todavía proclama la gloria y bondad de Dios.

Hubo un pastor, David, un hombre conforme al corazón de Dios, que escribió sus experiencias en el campo. Comparó su sed de Dios al ciervo que había observado anhelando arroyos de agua. Escribió que «los cielos cuentan la gloria de Dios» (Salmo 19:1). Isaías, otro amante de la naturaleza, escribió acerca de montañas que prorrumpen en gritos de júbilo y árboles que aplauden (Isaías 55:12). Un autor de cantos contemporáneo escribió «El mundo es del Señor», un canto de celebración del toque del Creador en toda la naturaleza.

De todas las personas en la tierra, los que amamos a Dios deberíamos deleitarnos en la belleza que nos deja sin aliento y en la complejidad del universo y la maravilla de nuestro propio medio ambiente en el planeta Tierra. Más aún, Dios nos ordena señorear y administrar este planeta al igual que un buen jardinero cultiva un jardín. ¿Por qué? Por que Dios ama a este mundo, ¡y yo también debería hacerlo!

DIOS AMA LA CREATIVIDAD Y HABILIDAD HUMANAS

Igual que Dios se deleitó en su propia obra diciendo «es buena», también disfruta la expresión del talento y habilidad humanos. ¿Has visto a alguien diligente en su trabajo? Se codeará con reyes, y nunca será un Don Nadie» (Proverbios 22:29). Nuestras habilidades particulares son provistas por el Dios que instruyó a Moisés enviar a los artesanos más talentosos disponibles cuando se construyó el tabernáculo. Dijo de Bezalel: «y lo he llenado de Espíritu de Dios, de sabiduría, inteligencia y capacidad creativa» (Éxodo 31:3).

Todo ser humano posee una capacidad para bendecir al resto de nosotros a través de su dedicación a desarrollar el singular genio que Dios le ha provisto. ¿Cómo no vamos a disfrutar lo maravilloso de la creatividad humana cuando sabemos que se trata de un don de Dios? Así como la madre Teresa vio en los pobres a Jesús, nosotros podemos ver la imagen de Dios y su infinita capacidad creativa en la obra creativa de los humanos, cuyo particular talento proviene de la mano misma de Dios.

Dios ama nuestra obra porque Dios ama su imagen creativa reflejada en nosotros. Dios ama el arte y a los artistas, la música y a los músicos, las computadoras y a los programadores de computadoras, y al cine y a los cineastas. Le encanta el canal de cocina porque ama a los chefs (además de que creó todos los ingredientes que utilizan en su comida), le encanta el canal de viajes porque ama a los exploradores (y creó los exóticos lugares que ellos exploran). Cada tipo de obra es un reflejo de una delgada rebanada de la capacidad infinita de Dios para la creatividad. Como un padre que se deshace en elogios por la obra de arte de su hijo y las exhibe en su refrigerador, Dios se dedica a disfrutar las cosas que traemos a casa al final del día. Le glorificamos con nuestra producción. De toda la gente en la tierra, los que amamos a Dios deberíamos deleitarnos en el producto de la mente, el corazón y las manos humanos. ¿Por qué? Por que Dios ama a este mundo, ¡y yo también debería hacerlo!

DIOS AMA AL MUNDO DE LAS RELACIONES INTERPERSONALES

Dios se emociona por causa de las relaciones humanas. Ama los amores que manifestamos: el amor fraternal, el amor sacrificial y el amor erótico. Ama las risas y las lágrimas de los amigos. Ama a las parejas unidas en matrimonio, que se prometen una vida entera llena de devoción el uno por el otro. Ama a los padres que protegen a sus hijos y que los preparan para su propia aventura en la vida. Ama la forma en la que lloramos la pérdida de un ser querido. Todas estas experiencias humanas brotan de Dios, quien dice que no es bueno que estemos solos; provienen de Dios quien dijo «*hagamos* a la humanidad a nuestra propia imagen». Todos los seres humanos compartimos la necesidad congénita de otros humanos porque Dios nos hizo de esa forma. De toda la gente en la tierra, los que amamos a Dios deberíamos ocuparnos con entusiasmo en relaciones interpersonales amorosas y consideradas. ¿Por qué? Por que Dios ama a este mundo, ¡y yo también debería hacerlo!

DIOS AMA AL MUNDO QUE ÉL VINO A SALVAR

El amor de Dios por el planeta y nuestra habilidad se originan en su papel como Creador. Pero Dios también ama al mundo como Salvador. Luego de la Creación vino la Caída y el surgimiento de aquello que Dios no ama en el mundo: la rebelión humana. Pero ni nuestra rebelión podría destruir el amor de Dios por nosotros. Jesús describe a Dios como un pastor buscando a su oveja perdida o a un Padre añorando a un hijo que se fue. El mismo Jesús, viendo a las multitudes, fue conmovido hasta la compasión, porque eran como ovejas que no tienen pastor. Estas metáforas comunican amor, perdón y aceptación, además de que, bien explícitamente, no son condenatorias. Este es el tipo de amor que Dios tiene para «el mundo».

Cualquiera que siga el viaje contemporáneo humano debería compartir esta misma compasión por la gente perdida y confundida. Permíteme ilustrar eso con tres relatos.

Marlo Morgan, quien raya en sus cincuentas, es una nativa de la región centro-oeste de los Estados Unidos y cuya vida carecía de emoción hasta que hizo un viaje a Australia, en donde afirma que fue secuestrada por aborígenes que le quitaron la ropa y le dieron un taparrabos. Afirma que vagó por el desierto aprendiendo de ellos su sabiduría de más de treinta mil años de antigüedad. Retornó a los Estados Unidos y contó su historia en el libro

Mensaje Mutante en Australia (Mutant Message Down Under), y lo vendió a una casa publicadora como drama de la vida real.

Como el editor no pudo confirmar ninguna parte de su historia como verdad, le pidió que ella lo publicara como novela de ficción. Le cuestioné a ella acerca de esto y me dijo que no le importaba porque ¡«lo que es verdad para mí, es verdad para mí y lo que es verdad para ti es verdad para ti»! Esto me recuerda la tira cómica en donde Ziggy se para frente a tres estantes dentro de una librería. Uno dice «Ficción», el segundo «Vida real» y el tercero dice «¡No estoy seguro!» ¿No sientes compasión por Marlo Morgan y los cientos de miles de personas que compraron su libro esperando que llenarían su vacío espiritual?

Eddie Stierle se unió al Ballet Joffrey en 1986. A la edad de dieciocho años era el miembro más joven de la compañía. Se dice que un reseñador de su biografía reportó tristemente: «Nacido en una familia de bajo nivel económico, para Stierle fue imposible reconciliar su religión con su homosexualismo. Sin querer abandonar su fe en una autoridad superior, reemplazó su Dios católico por un Dios no condenatorio. Al paso del tiempo, Stierle se convirtió en seguidor de Marianne Williamson, autora del libro éxito de librerías *Un sendero de milagros (A Course in Miracles)* y una de las más patéticas páginas en *Una danza contra el tiempo (A Dance against Time)* describe su lamentable vacilación en las aguas espirituales del movimiento de la Nueva Era. Williamson … le aconsejó visualizar al virus del SIDA (AIDS, en inglés, *Acquiered Immuno Deficency Syndrome*) como un ser gentil y amoroso vestido en una temible armadura… Williamson prefería su propia versión del acrónimo SIDA, 'ángeles vestidos de Darth Vader.' (*Angels In Darth Vader Suits*. Darth Vader es la personificación del mal en la taquillera serie de películas La Guerra de la Galaxias)».

Stierle falleció poco después de eso. Esta triste historia, ¿no te conmueve hasta la compasión?

Entre los más recientes ejemplos de confusión espiritual se encuentra la finada Princesa Diana, reverenciada por tantos, y sin embargo tan sola y tan abiertamente en búsqueda espiritual.

Semanas antes de su muerte, llevó a Dodi, su pareja, a conocer a su psíquico de cabecera. La revista *Time* reportó que el psíquico había tratado una vez de poner a Diana en contacto con su padre ya fallecido. El psíquico era solamente uno de los muchos intentos de la princesa por encontrar paz interior. Diana, quien sufría de una serie de desórdenes emocionales (bulimia, auto-mutilación), consultó a través de los años a astrólogos y varios psicoterapeutas. En una u otra ocasión, también se sometió a la aromaterapia, acupuntura, irrigación del colon, masaje holístico, terapia de barro, reflexología y sanidad por energía.

Esta hermosa mujer, a quien en recuerdo se le identifica como una vela encendida en el viento, estaba espiritualmente a la deriva y no es atípica de mucha gente de hoy, quienes buscan pero nunca encuentran, en un viaje espiritual sin un destino definido.

¿Eres capaz de escuchar estos relatos y no conmoverte hasta la compasión por la gente perdida, engañada y caída? ¿Lloras por ellos tal como Jesús lloró por la gente acosada de sus días? ¿Nos atrevemos a juzgarles como si nosotros merecíamos beneficiarnos de la amplitud de la misericordia de Dios y ellos no?

En vez del amor y la compasión, el que está en una búsqueda espiritual a menudo ve en el cristianismo un juzgamentalismo petulante como el que desplegó Pete cuando hizo la llamada a mi programa. Dean Merrill capturó la naturaleza del problema de una forma brillante en el título de su libro de reciente publicación *Pecadores en las manos de una iglesia iracunda (Sinners in the Hands of an Angry Church)*. John Ortberg escribrió: «La primera baja registrada en la guerra cultural no es la de la verdad. Es la del amor». La gente como Pete, de hecho, le encuentra justificación a su falta de amor por la gente. Afirman que su dedicación a la santidad significa que no pueden ser asociados a gente como Eddie Stierle o que ser asociado con homosexuales equivale a asociarse con el enemigo. En lugar de amar a una mujer que está engañada con un «mensaje mutante desde Australia», pueden atacarla o burlarse de ella debido a lo extraño de sus creencias.

Cuando perdemos nuestro primer amor y olvidamos nuestras órdenes verdaderas para marchar, comenzamos a sentirnos cómodos en nuestra santa piedad. Nos levantamos a combatir a la gente por la que Jesús murió. Atacamos a los engañados teológicamente en vez de corregirles en amor. Hacemos un círculo con nuestras carretas para protegernos, manteniendo afuera a los que se encuentran en búsqueda espiritual, en vez de levantar el campamento y vivir entre ellos.

Jesús resumió nuestro llamado a amar al mundo de la siguiente manera. «"Ama el Señor tu Dios con todo tu corazón, con todo tu ser, con todas tus fuerzas y con toda tu mente", y: "Ama a tu prójimo como a ti mismo"» (Lucas 10:27).

Y de esta manera nuestro amor y devoción a Dios nos embarca totalmente en un amor por el mundo. Amamos al mundo como un lugar milagroso que Dios creó, como un aparador de la obra y creatividad humanas y como el escenario de la historia de amor de Dios por los seres humanos rebeldes.

¡Vive la vida en su totalidad! ¡Ama al mundo!

CAPÍTULO 5

SÉ UN VERDADERO AMIGO

VI UNA CARICATURA RECIENTEMENTE en la que estaba dibujada una enfermera sacando de su cuarto a un paciente en una silla de ruedas. «Relájese, Sr. Harbst —le dice—, lo estamos sacando del área de cuidado intensivo para llevarlo a área de cuidado indiferente». Años atrás, el psicólogo David Reisman describió a los norteamericanos como la «multitud solitaria». El Dr. Edward Hallowell, de la Escuela de Medicina de Harvard, en su libro *Conéctese* (*Connect*), dice que la soledad ha llegado a ser epidémica hoy día y que es el resultado de una sociedad en la que la mayoría de la gente no tienen ningún contacto sustancial con alguien a quien le interese y le escuche con atención. Mucha gente es solitaria y el resultado de esto es una necesidad que clama por amigos que bajen su ritmo, escuchen y se preocupen.

Esta epidemia de soledad ofrece una gran oportunidad para servir a la gente, porque una de las formas más efectivas de llevar a Jesús al mundo es simplemente ser amigo de una persona que necesite uno. Pero nuestra paradoja demasiado mundano / demasiado cristiano presenta algunos problemas interesantes cuando se aplica a nuestras relaciones amistosas.

PROBLEMA #1: MUCHOS CRISTIANOS NO TIENEN AMIGOS MUNDANOS

Muchos de los que son «demasiado cristianos» nunca se han tomado el tiempo para cultivar amistad con «mundanos» porque han pasado muchísimo de su tiempo conviviendo con otros cristianos. Alex, mi amigo antropólogo, es un ejemplo de ello.

Alex se presume como un escéptico, introvertido y benigno cascarrabias. Criado en un hogar cristiano nominal, se convirtió en sus años de escuela preparatoria en el seno de un fundamentalismo que le enseñó a clasificar a toda la gente del mundo en dos grupos diferentes: *nosotros* (los cristianos nacidos de nuevo), y *ellos* (los mundanos que necesitan ser conversos). Este enfoque del mundo, «nosotros *versus* ellos», le condujo a una multitud de distorsiones en la vida, no siendo la menor de ellas la relacionada a las relaciones amistosas, de manera que durante sus años universitarios Alex quedó frustrado con la variedad de amigos de su compañero de cuarto cristiano.

Como líder de un grupo de estudio bíblico en la universidad, Alex tenía la responsabilidad de reclutar a otros líderes. El nuevo compañero de cuarto de Alex, Mark, era el candidato ideal. Para una persona introvertida como Alex, tener al recluta ideal como compañero de cuarto de un reclutador reticente parecía ser algo divinamente inspirado. Pero qué lástima, Mark no lo veía de esa forma, porque ya tenía definido pasar su tiempo libre trabajando en la estación de radio de la universidad.

Ten por seguro que, en una estación de radio universitaria típica, un estudio bíblico es lo último que vas escuchar. El personal que trabaja en las estaciones de radio universitarias pertenece normalmente a la variedad más diversa de fenómenos raros y buenos para nada conocidos para la humanidad. A menudo se trata de soñadores, raros y extraños neandertales, pequeños Howard Stern's esperando ser descubiertos. (Howard Stern es conductor de un programa radial en la ciudad de Nueva York. Su estilo es irreverente, grosero, blasfemo, irrespetuoso, descarado, cínico y presuntuoso. Está por demás decir que es extremadamente popular entre la juventud norteamericana, al mismo tiempo que es continuamente censurado por la mayoría de los medios de comunicación conservadores. N. del t.). Para Alex, esta gente no parecía digna de la atención de Mark, especialmente cuando comparaba la situación con la oportunidad de unirse a él y a sus estelares compatriotas al estudiar la bendita y santa Palabra de Dios. Sin embargo, Mark no fue disuadido de sus metas de transmisión radial, una decisión que dejó a Alex severamente disgustado en su espíritu.

El pobre de Alex no tenía idea de que sus ideas negativas acerca de la amistad con mundanos estaban a punto de ser sacudidas. Esto ocurrió una quieta noche en la que Mark y Alex estaban estudiando. Como a las 10 PM, quién más iba a aparecerse en la puerta de su dormitorio sino los radio-pilluelos de la estación. «Vinimos a secuestrarte», le gritaron a Mark. Con gritos, aullidos y muchos otros disturbios auditivos para el plácido silencio de la noche, eso es justo lo que hicieron. Alex se preguntó de qué trataba todo esto. «Seguro para nada bueno», pensó, volviendo a concentrarse en sus altas metas académicas.

La mañana siguiente, Alex preguntó: «¿Y qué fue todo eso de anoche?».

Mark contestó, «Ah, querían hacerme una fiesta sorpresa por mi cumpleaños».

Confirmando sus sospechas de que estos chicos de la radio estaban absoluta y completamente perdidos, Alex respondió con presunción: «Pero si tu cumpleaños es hasta dentro de tres meses».

«Ah, *ese* cumpleaños no —dijo Mark con astucia—. ¡Me celebraron mi cumpleaños *espiritual*!».

Alex recordó que cuando los muchachos de la estación llegaron, estaban escondiendo lo que parecía un pastel con cuatro velitas encendidas. Y entonces recordó que cuatro años atrás Mark había decidido seguir a Jesús. De inmediato se dio cuenta de que, mientras él estaba apartado *estudiando* la verdad que necesitaban los «paganos», su amigo Mark estaba, de hecho, *viviendo esta verdad* entre ellos de una manera atractiva para ellos. De inmediato, Alex supo que ningún pagano podía ser tan malo como para celebrar el cumpleaños del «nuevo nacimiento» de un amigo sin afirmar que también posee una vida espiritual o tiene el interés por poseer una. Alex inició ahí su lenta temporada fuera de un fundamentalismo del tipo «nosotros *versus* ellos» hacia una amistad genuina con los mundanos.

PROBLEMA #2: MUCHOS CRISTIANOS SE HACEN AMIGOS DE LOS MUNDANOS SOLAMENTE PARA TRATAR DE QUE CONVIERTAN

Ciertas personas que son demasiado cristianas se hacen amigos de los mundanos solamente porque intentan que se conviertan. Esto nos conduce al segundo relato de Alex. Luego de que progresó de una mentalidad en la que los pecadores no podían ser amigos, sino más bien objetos de evangelización, Alex se embarcó en conversaciones con un compañero hasta cierto punto evangelísticamente motivado de nombre Rick, respecto a la práctica del *racquetball* con mundanos. Ya no creía que era no aconsejable tener amistad con los mundanos. Simplemente quería elogiar a su amigo por esta actividad.

Rick era directo respecto a su motivación. Quería «ganar a estos muchachos para Cristo». Y esto, ciertamente, es un deseo válido. ¿Pero cuál, se preguntó Alex, es la verdadera naturaleza de la relación en una situación semejante? Por eso Alex, lleno de curiosidad y con una mente entusiasta, hizo una pregunta muy profunda. «Rick, si supieras sin lugar a dudas que ningunos de estos muchachos será jamás cristiano, ¿continuarías jugando *racquetball* con ellos?». Dada la seriedad de la pregunta, quedó sorprendido por la rapidez e intensidad de la respuesta. «No, en lo absoluto», dijo Rick. Un poco más de conversación reveló que la creencia de Rick era que su único propósito en la tierra era cumplir la Gran Comisión, y cualquier inversión de tiempo que no contribuyera a este propósito era vano y frívolo.

Antes que criticar a Rick, quiero que te detengas por un momento y te preguntes si compartes la misma pasión de Rick por los perdidos. De hecho, es elogiable y bastante rara entre los discípulos de hoy día.

Pero también quisiera que reconocieras la trampa puesta para quienes somos gente que le gusta el logro, «tipo A», orientada a metas y administrada por objetivos. Dado nuestro celo evangelístico, podemos terminar viendo a la gente como objetivos de nuestros esfuerzos en lugar de relacionarnos con ellos como congéneres humanos creados a la imagen de Dios. Es de avergonzarse que somos capaces de convertirnos máquinas ministeriales, agrupando a la gente en categorías y luego organizando nuestro tiempo intencionalmente con ellos para lograr nuestros propósitos.

Esto fue lo que me ocurrió en los primeros tiempos de mi vida en Jesús. Luego de comenzar como un cristiano del tipo al que no preguntaban nada y no contaba nada, me fui al otro extremo y me convertí en alguien totalmente calculador y estratégico en mi pasión por compartir a Jesús con mis amigos. Exactamente tan presuntuoso como se oye, invitaba a la gente a cenar y luego, antes de que llegaran, pensaba en qué etapa de su vida estaban y en qué etapa deberían de estar. Luego, me ponía a desarrollar metas de comunicación para esa noche. El gozo de las relaciones interpersonales se apagó debido a lo obsesivo-compulsivo de un cristiano bien intencionado pero desorientado. Al paso del tiempo, me di cuenta de que las relaciones interpersonales son espontáneas y crecen a partir de los descubrimientos aleatorios comprendidos en largos periodos de tiempo sin un objetivo definido entre dos seres humanos. Entonces comprendí que un cristiano calculador y desorientado frecuentemente no es en lo absoluto un buen amigo.

PROBLEMA #3: MUCHOS CRISTIANOS NO TIENEN INFLUENCIA EN SUS AMIGOS MUNDANOS

Mientras que ser demasiado intencional es probablemente peor que no tener amigos mundanos, una situación aún peor se presenta cuando los cristianos con muchos amigos mundanos no tienen en lo absoluto una influencia espiritual. Rick era demasiado obsesivo e intencional con sus compañeros de *racquetball*, pero al menos ellos sabían que él estaba preocupado por su bienestar espiritual. Muchos de nosotros tenemos amistad con amigos mundanos que no saben nada acerca de nuestras convicciones espirituales porque nos hemos recluido en una política del «no preguntes, no te cuento» acerca de mi fe. Algún día tendremos que rendir cuentas de nuestro silencio con nuestros amigos.

Este año recibí un correo electrónico que deja claro el punto. Era de alguien a quien conocí en la preparatoria allá en los años sesenta. Eric escuchó mi programa radial de polémica y me escuchó decir que me gradué de la Escuela Preparatoria Fullerton. Se preguntó si yo era aquel gracioso Dick Stáub, a quien le encantaba divertirse, y a quien recordaba haber conocido en aquellos días felices en el sur de California. Iniciamos un intercambio de correos electrónicos en los que me contó que, después de malgastar su vida en el anárquico estilo de vida de los sesentas, se convirtió al cristianismo durante los años setenta. Lo que más me hizo pensar fue el hecho de que, después de convertirse en creyente, *sospechó* que yo era cristiano en el tiempo que me conoció, *pero no estaba totalmente seguro*. Este es su correo electrónico:

Pensando un poco en ti el día de hoy, fui atrapado por la nostalgia de nuestra juventud. Sé que estás ocupado pero, si tienes un poco de tiempo, te tengo algunas preguntas. ¿Te convertiste mientras todavía estábamos en la preparatoria, verdad? ¿Como cristiano, qué tal eran los días del «excítate, acuéstate y déjalo todo»? Viendo las cosas desde el punto de vista espiritual, debiste haber estado totalmente perturbado de ver el gran engaño que ocurría. Desgraciadamente yo estaba bien perdido y, por lo tanto, totalmente consagrado al pensamiento humanista de esos días (surfing, sol, sexo, drogas y rock). ¿Era como Sodoma y Gomorra? ¿Qué estaba pasando en la iglesia? ¿Se predicaba la Palabra o solamente era un cristianismo formal? ¿Orabas por nosotros en esos días? ¿Esperabas realmente que Dios respondiera? ¿Dios te dio esperanza para tu generación? ¿Señales y prodigios?

¿Te desesperabas mucho? No escuché de Jesús hasta más o menos 1971 y estaba tan consagrado a mí mismo que lo rechacé. Ahora sé que oraban por nosotros los de carácter sexy. Realmente no te recuerdo diciéndome algo al respecto en los sesentas, pero me acuerdo que eras un muchacho con un corte de cabello impecable y que nunca maldecía. Tal vez trataste de testificarme pero yo estaba muerto y no te escuché.

Tal vez estas sean preguntas muy difíciles de responder porque ya ha pasado mucho tiempo. Estoy avergonzado de haber malgastado mi juventud, pero hoy estoy grande y gloriosamente lleno de gozo porque Jesús es mi Señor.

Si tienes oportunidad, por favor contesta mis preguntas. Me gustaría saber qué fue lo que me perdí.

Le entregué mi vida a Jesús entre el segundo y tercer año de la preparatoria, así que en alguno de nuestros cuatro años juntos indudablemente tuve oportunidades para hablarle sobre Jesús a Eric, pero me apena decir que dudo haberlo hecho. Yo era uno de esos cristianos bajo la filosofía del «no preguntes, no te cuento» que fue suficientemente lo afortunado de que Eric descubriera a Jesús ¡a pesar de mí mismo!

SÉ UN VERDADERO AMIGO

Entonces hemos observado tres malos modelos: (1) el cristiano sin amigos mundanos, (2) el cristiano que tiene amigos mundanos porque espera ser un vehículo de su conversión y (3) el cristiano con amigos mundanos que no tiene influencia espiritual en sus vidas. Debiera haber una mejor opción. Y la hay. Denominémosle ser un verdadero amigo.

Un verdadero amigo permite que una relación se desarrolle de forma natural a partir de las actividades y los intereses que comparten diariamente. Dios te dirigirá hacia tus nuevos amigos y no es necesario que tú hagas una estrategia o fuerces este hecho. Tarde o temprano estarás desarrollando una amistad. ¿Cómo la reconocerás? El diccionario define a un amigo como «una persona que conoces, te cae bien y en quien confías». Un amigo es alguien con quien se puede contar. La canción de Carole King, ganadora del Grammy, dice:

Cuando estás deprimido, en problemas,
Y necesitas un poco de cuidado amoroso,
Y nada, nada va bien...
Invierno, primavera, verano u otoño,
Todo lo que te tienes que hacer es llamar—
Yo estaré ahí...
Tienes un amigo

Un amigo está ahí cuando estás deprimido o tienes problemas o cuando, simplemente, necesitas una palabra amable. Un verdadero amigo está ahí en las buenas y en las malas. Un verdadero amigo te acepta aun cuando desapruebe tus malas decisiones o conductas. Permanecer al lado de alguien aun cuando crees que se está hundiendo al seguir un mal sendero es una señal importante de la amistad. Las amistades que están condicionadas por la aprobación son menos perdurables que las amistades «para bien o para mal». Esto es particularmente difícil cuando tu amigo o amiga está violando leyes espirituales que tú sabes que solo le cosecharán infelicidad pero, de la misma manera en la que no puedes forzar a alguien a cuidar su cuerpo físico, no puedes forzarle a cuidar su alma.

Pero la verdadera amistad también se basa en la honestidad, el desacuerdo y en discusiones difíciles. Un amigo es alguien que se ha ganado el derecho a ser escuchado. Habrá momentos en tu amistad en el que tendrás oportunidad de compartir tu fe.

El apóstol Pedro describe esta progresión de la siguiente manera. Primero, condúcete de forma ejemplar (1 Pedro 2:12). Pedro dice que algunas personas serán ganadas para Cristo sin utilizar una sola palabra, sino simplemente por observar tu conducta (1 Pedro 3:1). Segundo, está siempre preparado para presentar tu caso a cualquiera que te demande razón de la esperanza que habita en ti (1 Pedro 3:15), pero hazlo con gentileza y respeto. Con uno de mis amigos, la oportunidad se dio cuando se percató de que quería que alguien orara por una situación que enfrentaba y yo era la única persona que podía orar por él. Otro amigo nuestro lloraba la muerte de su madre y quería saber qué es lo que le sucede a las personas después de morir. Otro amigo decidió comenzar a hablar sobre cuestiones espirituales en medio de un atiborrado autobús rumbo a un partido de fútbol colegial.

¿Cómo te preparas para momentos como esos? Ora por tu amigo o amiga. Escucha con cuidado para que sepas por anticipado el tipo de cuestiones que tu amigo o amiga pueda querer discutir. Justo en el momento en el que tu amigo o amiga abra la puerta de la conversación, ora y pide a Dios que te guíe a decir precisamente las cosas correctas. Jesús prometió que tendríamos esta clase de ayuda: «…no se preocupen por lo que van a decir o cómo van a decirlo. En ese momento se les dará lo que han de decir, porque no serán ustedes los que hablen, sino que el Espíritu de su Padre hablará por medio de ustedes» (Mateo 10:19-20).

Muchas personas son capaces de ser amigos, pero el amigo más real es el que ama el alma de su amigo. Así es como se describe a Jesús en uno de mis himnos antiguos favoritos:

Jesús, qué amigo de los pecadores,
Jesús, quien ama mi alma;
Los amigos pueden fallar, los temores asaltarme,
Mi Salvador me da plenitud.
Jesús, qué fortaleza en las debilidades,
Déjenme esconderme en él;
Tentado, probado y con fracasos algunas veces,
Él, mi fortaleza, es quien me puede dar la victoria,
Jesús, qué ayuda en la tristeza,
Cuando se abalancen las olas sobre mí;
Aun cuando mi corazón se rompa

Él, mi consuelo, ayuda a mi alma.
Jesús, qué guía y cuidador,
Cuando la tempestad todavía es grande;
Con tormentas sobre mí, la oscuridad de la noche me cubre,
Él, mi piloto, escucha mi clamor.

Si de verdad quieres ser efectivo llevando a Jesús a tu mundo, uno de los mejores lugares para comenzar es simplemente viviendo como el amigo que es Jesús. Y Jesús es un amigo para los pecadores. El himno dice que él es mi amigo porque él «ama mi alma». Hay una diferencia entre alguien que solo quiere ganar tu alma y alguien que ama tu alma. Uno va a jugar *racquetball* contigo a pesar de todo, el otro no. El himno dice que Jesús es un amigo porque «me da plenitud». Desde la Creación sabemos bien en lo más profundo de nuestro ser que, cuando estamos solos, estamos incompletos. Nuestras almas, creadas para relacionarnos con Dios y con otros, no tienen descanso hasta que lo encuentran al relacionarse con Dios y con otras personas. Un amigo ama tu alma.

A los amigos a menudo les gusta presentarles sus nuevos amigos a sus viejos amigos. Así que no hay nada inconsistente en ti si esperas presentarle a tus amigos a tu amigo más grande y verdadero: Jesús. Cuando eso ocurre, le estás dando a tu amigo a amiga la gran oportunidad de hacerse amigo o amiga del Dios del universo. Entonces, junto contigo, tu amigo o amiga podrán cantar:

Jesús, hoy lo recibo
En él encuentro más que todas las cosas;
Me ha concedido el perdón,
Soy suyo y él es mío.
¡Aleluya! ¡Qué Salvador! ¡Alejuya!
¡Qué amigo!
Salvándome, ayudándome, guardándome, amándome,
Él está conmigo hasta el final.

Sé un amigo. Como tal, hazte disponible. Ora. Vive una vida honorable. Sé paciente. Dios bendecirá eso.

CAPÍTULO 6

TRASPASA EL LÍMITE CULTURAL

LUEGO DE ESTABLECER LA IMPORtancia de la amistad debo recordarte que, aunque tu círculo primario de influencia son tus amigos, tu influencia no debe limitarse a ellos. Si sigues el ejemplo de Jesús, expandirás tu círculo de influencia a las relaciones interpersonales con gente fuera de tu grupo cercano y muy distinto a ti. Este traspaso de los límites culturales requiere de un nivel de compromiso, adaptación y elasticidad que Jesús definió claramente y que es en extremo necesario para la vida de los discípulos de hoy día.

Frecuentemente se afirma que Jesús se relacionó con los verdaderamente marginados o desposeídos de su cultura. Los pobres, los leprosos, los recaudadores de impuestos, los borrachos, las mujeres, todos ellos se sintieron atraídos al círculo interno de amor, atención y afecto de Jesús. Dentro de una sociedad caracterizada por la discriminación de raza y clase, esto requirió traspasar las barreras culturales y romper los tabúes de la subcultura religiosa de esos días. Por ejemplo, en el primer siglo, mucha gente devota creía que no podían ser santos si tocaban a una persona impura, como un leproso. Por eso, cuando Jesús tocó al leproso, sorprendió al leproso y ofendió al devoto. Jesús invirtió tanto tiempo traspasando este tipo de barreras que, en cierta ocasión, los fariseos le preguntaron a sus discípulos: «¿Por qué come su maestro con recaudadores de impuestos y con pecadores?» (Mateo 9:11).

Jesús, oyendo esto, dijo: «No son los sanos los que necesitan médico sino los enfermos. Pero vayan y aprendan lo que significa: "Lo que pido de ustedes es misericordia y no sacrificios". Porque no he venido a llamar a justos sino a pecadores» (Mateo 9:12-13). Para los fariseos, esta fue una de las enseñanzas y ejemplos más difíciles de asimilar, e igualmente es difícil de asimilar para los cristianos de hoy día. Es más fácil quedarse dentro de nuestras zonas de seguridad cultural que aventurarse en grupos de personas cuya conducta viola las normas religiosas tradicionales. Cuando compañeros religiosos a quienes consideramos respetables critican nuestra osadía, esto es todavía más difícil. Sin embargo, parece bastante claro que seguir el ejemplo de Jesús significa que traspasarás barreras culturales para mostrarles amor a los desposeídos y marginados. Esto es fácil de decir y muy difícil de hacer.

Dwight Ozard lo dice sin pelos en la lengua:

«El mayor campo misionero al que nos enfrentamos no está en una tierra lejana. La cultura extranjera y extraña a la que le temen la mayoría de los norteamericanos no está del otro lado del océano. Apenas si está en la acera de enfrente. La cultura más alejada del mensaje del evangelio es la nuestra, nuestros hijos y nuestros vecinos. Es una cultura que no puede decir dos frases sin referirse a un programa de televisión o a una canción popular. ... Es una cultura más propensa a perforarse alguna parte del cuerpo y ponerse ahí un arete que a saber por qué razón rió Sara. Se trata de una cultura que a la que dejamos de amar y a la que le declaramos una guerra cultural».

Meditando sobre el ministerio de Jesús a los marginados y las palabras de Dwight acerca de aretes en algunas partes del cuerpo, recordé una conversación que tuve con un muy cercano y querido amigo. Mi esposa y yo estábamos en casa de Joanne para comer carne asada. Ella nos contó sobre la visita de su familia a un parque de diversiones y se quejó de la sensualidad de las multitudes vestidas con su cortísimas camisetas sin mangas ni hombros, el uso de una palabra obscena de cada tres, los aros en la nariz y el cabello teñido de color púrpura. Eran personas ruidosas, agresivas y repugnantes. «¡Solo queríamos divertirnos con nuestros hijos y tuvimos que exponernos a esto! ¡Es absurdo!», se quejó.

Apenas unos cuantos años antes, Joanne y su esposo pasaron algunos años viviendo y trabajando voluntariamente con una tribu primitiva, así que su actitud irónica hacia la «gente no alcanzada» que encontró en su propio país me pareció inconsistente. Animado por su esposo, expuse de manera bondadosa y vigorosa la manifiesta inconsistencia de los desagradables comentarios de Joanne acerca de los «paganos» nativos de su país. Mientras los miembros de la familia se reunían, aparentemente cansados del bádminton y ansiosos de ver qué controversia estaba iniciando el viejo conductor de programas de polémica, exploré con nuestra anfitriona las razones de su impaciencia con nuestros paganos nativos, dado su récord de servicio a los «paganos» de ultramar.

LA EXCUSA DEL «YA ESTOY MUY VIEJO PARA ESTO»

Esta excusa la anticipé yo mismo, como prevención, a fin de que mis propias incongruencias fuesen reveladas como una desviación de su conducta. Comenté que en mi primer viaje fuera del país yo tenía diecinueve años y estaba más que ansioso por ver y experimentar todo lo que el mundo ofrecía. Indonesia, el sitio de mi aventura internacional, me ofreció un verdadero banquete de exóticas oportunidades. Me puse un *sarong*, una especie de falda que utiliza la gente de Java. En vez de papel higiénico, utilicé el sustituto local en Bali: una mazorca en el campo. Comí insectos, serpiente y cola de buey. En Kalimantán tomé una bebida gaseosa local embotellada con un gusano ceremonial que hay que comerse al llegar al fondo de la jarra. Escuché con atención mientras la gente de Bali interpretaba su *ketjak* o «danza del mono», la que involucraba a más de setenta hombres sentados en círculos concéntricos gritando un cántico cacofónico y rítmico que luego se transformaba en un trance apagado mientras algunos actores enmascarados entraban al círculo para interpretar su actuación. Los actores decían sus diálogos no con palabras sino con chillidos y gruñidos hasta que los cánticos iniciaban otra vez y ellos salían de escena. Grité como maniaco entre la multitud de hombres sudorosos y bajos de estatura que abarrotaban una arena con paredes de bambú para presenciar una cruel y sangrienta pelea de gallos. En Bali, me uní a una procesión funeraria hindú que concluyó con una pira que extrañamente se asemejaba a un barco alegórico del desfile de las Rosas, con un toro de papel maché a tamaño natural que la decoraba. Yo era un vagabundo en busca de auténticas diferencias étnicas y encontré todo eso y más.

Por naturaleza y desde mi juventud, poseo una curiosidad y afecto naturales por la diversidad, aun en mi país, los Estados Unidos. Sin embargo, (y lo que voy a decirte me duele), como un hombre viejo, ocasionalmente me irrito con las diferencias, añorando lo pronosticable, cansado del entretenimiento por causa de las desviaciones de la norma. En ocasiones siento que he visto «el mundo,» y ahora simplemente quiero disfrutar «mi mundo», ¡por favor!

La anfitriona no aceptó este argumento, pienso que por dos razones. Primero, no quería conceder, ¿y qué mujer lo haría?, que su edad estaba avanzando o le estaba afectado de alguna manera observable. Y ella no quería en especial conceder esto en presencia de sus hijos, siempre buscando demostrar otro conocimiento absoluto de la adolescencia: lo obtuso de la paternidad y su falta de contacto con la realidad.

Segundo, y esto más matizado, la mayoría de nosotros imagina que, con tiempo y experiencia de vida, maduramos, y no lo contrario. Ciertamente, la irritabilidad por causa del cabello azul y las argollas en la nariz no parece algo maduro sino, más bien, insignificante. Por eso, dejamos el asunto de la edad y pasamos a otra posible explicación para la irritabilidad misionera.

LA CUESTIÓN DE LA INTENCIÓN DE QUE «ESTOY AQUÍ PARA MINISTRAR»

Joanne expuso el argumento de que, dado que se dirigió al parque de diversiones buscando divertirse, mientras había estado en el «país primitivo XYZ» para ministrar, no podía esperarse que desplegara la misma paciencia con la tribu A que había tenido con la tribu B.

En resumen, razonó que en un escenario estaba trabajando y en el otro estaba de vacaciones. Por supuesto, esto llevó mis pensamientos a nuestro modelo de ministerio efectivo: Jesús. ¿Él se tomó tiempo para simplemente divertirse? Por supuesto, sólo podemos conjeturar acerca de la vida recreativa de Jesús, debido a que el registro bíblico es relativamente silencioso a este respecto. Lo que sí sabemos es que él creía en un día de descanso. También se sabe que su cultura tenía su placer recreativo más grande en las reuniones sociales pequeñas, compartiendo alimentos y conversando con un círculo de familia y amigos cercanos.

Al estudiar la vida de Jesús notamos que en ocasiones se alejó de todo. Desafortunadamente para el argumento de Joanne, no hay ejemplos registrados acerca de Jesús haya tomado «tiempo fuera» mientras estaba en una multitud. Uno duda que tal noción siquiera se le hubiera ocurrido. Parece que el tiempo que Jesús se apartaba era para estar solo. Se levantaba mucho antes de que amaneciera o al final del día disfrutaba de un lento paseo en bote en el Mar de Galilea junto con alguno de sus amigos cercanos. Es difícil imaginar a Jesús reuniendo a algunos de sus discípulos, pagando el boleto de entrada a un parque de diversiones y, al encontrarse con las masas transculturales, diciédoles: «Eh, ustedes, largo de aquí, los chicos de la sólo queremos divertirnos». Concluimos que Jesús entendió que el descanso es esencial, que Dios lo practicó en la creación y Dios lo ordenó en los Diez Mandamientos. Sin embargo, parece que Jesús sentía la responsabilidad, cuando estaba con otros, de estar disponible para interactuar con ellos para la gloria de Dios.

No pensé que esto fuera una situación transcultural

Nuestra anfitriona, a pesas de su evidente comprensión superior de la dinámica transcultural, confesó que realmente no había pensado que sus agravios tenían su raíz en las diferencias culturales. De vez en cuando, cada uno de nosotros caemos en la trampa sutil de pensar que los encuentros transculturales sólo ocurren cuando estamos en países extranjeros o cuando cruzamos líneas étnicas. La verdad es que, el crisol de fundición cultural norteamericano ya no produce, si es que alguna vez lo hizo, un resultado uniforme. Argollas en la nariz, idioma, vestimenta, gusto musical y hasta el volumen, pueden ser los reflejos de las diferencias culturales que coexisten en la mayoría de las ciudades norteamericanas. En nuestra calle de Naperville encontrarías inmigrantes recientes de China, India y Pakistán. Encontrarías también irlandeses e italianos de primera generación. Hay quienes fueron criados en la zona urbana de Chicago y que viven junto a los criados en la región rural de Illinois y que a su vez viven junto a quienes sólo han experimentado la vida acomodada suburbana. En los Estados Unidos, los encuentros cotidianos son cada vez más transculturales.

Nuevamente, la vida de Jesús es informativa en esto. En un nivel, todo el ministerio de Jesús fue transcultural porque él era totalmente Dios y totalmente hombre rodeado por meros mortales. Conocemos lo suficiente sobre el entorno cultural de Jesús como para estar de acuerdo en ciertas cuestiones básicas. Jesús era un varón judío, nacido en Belén, criado en Nazaret en la casa de un carpintero temeroso de Dios. No era fariseo, saduceo o herodiano. No era mujer. Ni tampoco romano, griego o samaritano. No era recaudador de impuestos, abogado o pescador. Cada día, él despertaba en un mundo de diversidad cultural y salía a recordarle a la gente sus raíces comunes en Dios, su Padre. Y él no espera menos de nosotros.

Para ese momento, la conversación se tornaba seria, aunque amigable y cordial, y el bádminton otra vez les parecía atractivo a los chicos. Pero había un punto más que explorar. Cuando la apariencia de nuestra incomptencia transcultural universal se cae, puede quedar expuesta como nuestro problema central.

EL MINISTERIO TRANSCULTURAL ES UN TRABAJO DIFÍCIL

El traspasar barreras culturales requiere que escuchemos, observemos, aprendamos un nuevo lenguaje y comprendamos diferentes costumbres y tradiciones. Puede significar que debemos comer cosas distintas. Es un trabajo difícil. Ya sea que estemos viejos o seamos flojos, a menudo preferimos no hacer el esfuerzo de coexistir, y mucho menos deleitarnos en verdad en nuestra vida cotidiana con gente distinta a nosotros.

Y aquí es donde enfrentamos algunas verdades básicas. Toda la gente fue creada a imagen de Dios y la mayoría de las diversidades culturales representan preferencias, no diferencias irreconciliables. Visto de este modo, nuestras diversidades culturales reflejan la creatividad infinita y la rica variedad que Dios, evidentemente, disfruta y encuentra llena del potencial para glorificarle. Todas las culturas no glorifican a Dios de igual manera porque cada cultura, incluida la nuestra, está manchada en diversos grados con los contaminantes del pecado. Sin embargo, se puede encontrar, aun en las expresiones más extremas, una porción de la imagen de Dios tratando de brillar, sin importar qué tan torcida y distorsionada se presente. Creo que por esta razón Jesús pudo superar la repulsión hacia el endemoniado y restaurarle su razón. Por eso Jesús vio a la persona en la mujer del pozo o en la mujer sorprendida en adulterio. Por eso, él tocó al leproso. Por eso fue tan efectivo con gente diversa y de un amplio rango de culturas. Por eso, él puede amarte a ti y a mí.

«La imagen de Dios en ellos» es la pieza del rompecabezas de la efectividad transcultural. Y para nosotros, sin que sea trillado, la «cruz» es la otra pieza del rompecabezas. Una disposición diaria para hacer la obra de traspasar culturas requiere morir a sí mismo y a las preferencias culturales acostumbradas. Ver la imagen de Dios en otras personas puede impulsar nuestra curiosidad y fascinarnos, pero solamente la cruz soportará el proceso de cruzar las barreras culturales. La moraleja del relato es importante para quienes queremos seguir a Jesús y llevarle a Jesús al mundo: los seguidores de Jesús podemos tener una cruz en las diferencias culturales o, simplemente, las podemos traspasar.

CAPÍTULO 7

■ VE A LA FIESTA

HACE POCO ME INVITARON A LA boda de una joven pareja que pidió a su pastor evangélico dirigir la ceremonia de bodas junto con su pastor denominacional. Fue claro que el pastor evangélico sintió como su deber mejorar el desarrollo espiritual de la pareja, de las familias y de los invitados a la boda. Escogió con cuidado sus comentarios, fueron apropiados y los comunicó bien, pero su impacto en esa noche quedó disminuido por una decisión aparentemente insignificante.

Al parecer, decidió que todo su trabajo había concluido cuando terminó la ceremonia y, por lo tanto, estuvo notablemente ausente durante la recepción, una celebración extravagante y elegante preparada en un club campestre de la localidad. Desde mi punto de vista, el pastor cometió el clásico error de pensar que la ministración se lleva a cabo en la iglesia pero no en la fiesta. ¿Cuántas películas has visto en las que se presente lo que ocurre en la recepción después de la boda? La gente presencia la ceremonia con solemnidad, pero la celebración luego de la boda es festiva y orientada a las relaciones personales. Jesús comprendió esto y parece que invirtió un tiempo considerable en comidas y fiestas organizadas por gente mundana.

Déjame hacer una pregunta. ¿Te gusta ir a fiestas mundanas?

Puedes decir que no porque te sientes muy incómodo en las fiestas mundanas. Sabes que allí ocurren cosas malas. Cuando el alcohol fluye con libertad o las drogas están involucradas, todo puede salir rápidamente de control. Las bromas, el lenguaje, las insinuaciones sensuales, todo se añade para constituirse en una experiencia incómoda para alguien que trata de vivir una vida transformada. Y la vulgaridad comienza a edades tempranas. En el estado norteamericano de Colorado, arrestaron a un padre de treinta y cinco años porque contrató a una desnudista para la fiesta de cumpleaños de su hijo de doce. Cuando lo interrogó la policía, dijo: «yo solo quería ser un padre genial».

Fui criado en una familia muy conservadora, así que asistir a fiestas alocadas no formó parte de mi educación. El mundo, junto con todos sus encantos, era considerado malo y ser santo significaba permanecer separado del mundo. Aunque no estábamos tan literalmente separados como los Amish (una etnia de origen europeo y fuertes convicciones bíblicas que suele aislarse de todo contacto con las comunidades cercanas a donde se establecen. N. del T.), nuestras tradiciones religiosas nos hacían identificar las actividades que se consideraban mundanas y fuera de los límites de la buena conducta. Lo largo de estas listas variaba: las cinco cosas obscenas, las siete cosas pecaminosas, las nueve cosas repugnantes o las doce sucias. En la lista estaban cosas como beber, maldecir, fumar y apostar. Podrían incluir también cosas que mucha gente consideraba inofensivas como bailar, jugar cartas, o ir al cine. Si hubieras sido criado en ese tipo de ambiente, cuando asistías a fiestas eras perseguido por voces de tu pasado que te amonestaban: «eviten toda clase de mal» (1 Tesalonicenses 5:22) o advirtiéndote que «...la amistad con el mundo es enemistad con Dios...» (Santiago 4:4).

Tenerle miedo a las fiestas no es malo del todo. Si te hubieran criado en un ambiente de total desenfreno, tu memoria se llenaría con recuerdos de situaciones alocadas y en espiral descendente que querrías evitar repetir. Como persona transformada, tus apetitos cambiaron y quisieras estar lejos del escenario de la fiesta. A otras personas que se denominan cristianas les encanta ir a fiestas y parece que no tienen problema en adecuarse hasta en los escenarios más extremos y desenfrenados. Dicen: «Por supuesto que me gustan las fiestas mundanas, en especial cuando las comparo con la gente aburrida y reprimida que conozco en las reuniones sociales de la iglesia».

¿Cómo respondería yo a la pregunta «Te gusta ir a fiestas mundanas»? Mi respuesta sería: «Depende».

Yo sé que ocurren cosas malas en las fiestas pero, debido a que yo quiero que Dios gobierne mi vida, estoy decidido a seguir a Jesús aun fuera de mis zonas de seguridad. Mi decisión de asistir o no a una fiesta mundana depende de que Jesús me quiera ahí o no y eso depende de que yo pueda ser o no pueda ser un buen representante y dejar ahí un impacto a favor de Jesús. En suma, me gusta ir a una fiesta si Jesús me quiere ahí.

No hay duda de que Jesús, en ocasiones, convivió en fiestas con mundanos. Muy al inicio de su ministerio, Jesús se sentó a cenar con muchos recolectores de impuestos y pecadores (Mateo 9:10). Lo vanguardista de estas fiestas puede percibirse por las críticas que Jesús recibió debido a que estaba ahí: «Vino el Hijo del hombre, que come y bebe, y dicen: "Este es un glotón y un borracho, amigo de recaudadores de impuestos y de pecadores"» (Mateo 11:19).

La cuestión no es si Jesús *fue* a fiestas con gente mundana, sino el *por qué*.

Jesús respondió a esa pregunta cuando los fariseos lo criticaron por ir a esas fiestas. Jesús dijo: «No son los sanos los que necesitan médico sino los enfermos» (Mateo 9:12). Jesús fue a la fiesta porque ¡allí es donde están los enfermos!

Él comprendió que compartir los alimentos es algo que puede fomentar una camaradería e intimidad que conducen a la gente a abrirse y a hablar con libertad.

Jesús pasó mucho tiempo en fiestas porque amaba a la gente y sabía que Dios era capaz de hacer cosas buenas en esos escenarios. Su primer milagro público ocurrió en la fiesta de recepción de una boda, en la que transformó el agua en vino. Otro milagro ocurrió cuando Jesús visitó la casa de Zaqueo, un diminuto y despistado recolector de impuestos. Zaqueo quedó tan conmovido por el amor y la aceptación de parte de Jesús que ¡dio la mitad de sus posesiones a los pobres!

Si realmente seguimos a Jesús, yo creo que iremos a algunas de las fiestas. Esto es parte de nuestra obediencia a Jesús.

¿Y qué de las advertencias que escuché cuando era joven? ¿Y qué de los versículos que implican que no debemos asociarnos con el mundo? Cada uno de ellos debe ser comprendido dentro de su contexto.

La advertencia acerca de no asociarse con las tinieblas (2 Corintios 6:14) es parte de la amonestación de Pablo a los cristianos de Corinto que de palabra y de hecho no reconocían su diferencia de la cultura pagana que les rodeaba y permitían que el mundo contaminara la iglesia. Al tratar de armonizar la inmoralidad cultural con la vida cristiana, los corintios estaban forjando una sociedad de cooperación y fraternidad entre las dos. Pablo les dice que esto es imposible. Ya Pablo les había dicho específicamente a estos cristianos que no quiere que salgan del mundo (1 Corintios 5:9-10); en 2 Corintios 6, los amonesta a mantener la conducta mundana fuera de su vida personal y de la vida de la iglesia debido a que ambos son incompatibles. (Abundaré más sobre esto en el Capítulo 8, «Evita el síndrome de Corinto»).

En algunas ocasiones, la gente dice que evitar «toda clase de mal» (1 Tesalonicenses 5:22) significa que deberíamos evitar hasta la proximidad física al mal. Los eruditos nos dicen ahora que se refiere a no *cometer ningún tipo de acto maligno*.

La frase «la amistad con el mundo es enemistad con Dios» (Santiago 4:4) claramente se refiere a ceder a nuestras ansias y apetitos del mal y no está ordenando que evitemos tener amistades entre la gente del mundo.

Estos textos no pueden ser interpretados con precisión como la definición de la santidad a partir del abandono, separación o confinamiento del mundo, ni tampoco puede usarse para definir que la cercanía a lo profano es inevitablemente contaminante para nosotros. Estos textos son, sin embargo, advertencias útiles acerca de la importancia de ejercitar el discernimiento.

Te presentaré unos lineamientos que te servirán al luchar con los dilemas prácticos que nos plantean las fiestas.

VE CON UN PROPÓSITO O NO VAYAS

Antes de cada fiesta, trato de recordar que voy por algún propósito que Dios revelará a su tiempo. En ciertas situaciones inciertas le he pedido a mis amigos que oren conmigo antes y durante el tiempo de la fiesta.

EJERCITA TU DISCERNIMIENTO

Ejercita el discernimiento al decidir si vas a asistir o no a una fiesta y a qué hora debes irte.

Una de las compañías para las que trabajé en San Francisco era conocida por sus fiestas realmente alocadas y por sus excesos. Antes de una fiesta de cumpleaños a la que sólo se podía asistir por invitación y que se llevaría a cabo bastante tarde, me enteré de que uno de mis compañeros había contratado a dos lesbianas para asistir y hacer un «acto» en la mesa del salón de conferencias. Envié un regalo de cumpleaños pero rechacé la invitación.

La misma compañía reservó un salón privado frente al puerto en un elegante restaurante para tener una actividad para toda la compañía, completa con bar abierto, comida y una invitación para quedarse a la fiesta hasta la noche. Para el final de la tarde el licor ya había fluido mucho y muy fuerte y, entre otras cosas, una normalmente tímida colaboradora se había despojado de sus inhibiciones igual que de algunas de sus ropas. Supe que ese era el momento de irme y me fui.

SÉ UNA PRESENCIA POSITIVA

Sé una presencia positiva ahí y, a menos que Dios te dirija de manera específica, no seas un crítico o juez de la conducta. Cuando estoy en una fiesta, asumo que los mundanos actuarán como mundanos, así que comprendo que pueden emborracharse, su lenguaje puede ofender y sus bromas pueden pasar los límites. El apóstol Pablo nos advirtió qué esperar al describir las obras de la carne: «inmoralidad sexual, impureza y libertinaje; idolatría y brujería; odio, discordia, celos, arrebatos de ira, rivalidades, disensiones, sectarismos y envidia; borracheras, orgías, y cosas parecidas» (Gálatas 5:19-21). Con poca frecuencia siento que mi papel como invitado a una fiesta es lanzarme públicamente en contra de la conducta de la gente, aunque en muchas ocasiones he llamado aparte a algún amigo mío para instarle a ponerle freno a una conducta que sé que lamentará después.

En estas situaciones, yo creo que estoy llamado a ser una presencia de amor y de bendición en cualquier forma que pueda. Esto significa ser una presencia que evidencie el fruto del Espíritu Santo: «amor, alegría, paz, paciencia, amabilidad, bondad, fidelidad, humildad y dominio propio» (Gálatas 5:22).

En la fiesta siempre considero que, debajo de esa conducta frívola y revoltosa, están los seres humanos que llevan a cuestas el dolor y la pena que acompaña la vida sin Dios. Espero que Dios revele cómo puedo servir. Esto, por lo general, significa llevar aparte a un individuo, que quiere hablar con mayor seriedad, fuera de la multitud para tener una conversación tranquila y privada.

Por ejemplo, en ocasión de una fiesta de Navidad, yo estaba conversando con una pareja que recién había llegado a nuestro vecindario. Él era vulgar y bullicioso y ella era serena y distinguida. Él me preguntó a qué me dedicaba. Le conté que, luego de muchos años de conducir un programa de controversia de cobertura nacional, terminé convencido de que la gente está en un viaje espiritual y decidí lanzar un programa de radio y un sitio en Internet para ayudarles. Luego de una conversación interesante, se fue para rellenar sus bebidas. Ella me dijo de manera suave y reservada, casi susurrando: «Rick no es mi esposo y apenas acabo de poner a mi hijo de quince años en el avión para que conozca a su verdadero padre». La sola mención de «espiritualidad» desencadenó sentimientos de los que ella quería hablar.

RECUERDA EL AMOR DE DIOS PARA LOS PERDIDOS

Recuerda constantemente que la gente necesita al Señor y Dios ama a esa gente.

Hay ocasiones en las que preferiría quedarme en casa en lugar de dirigirme a una fiesta sabiendo la energía que consume estar vigilante y en constante discernimiento. También sé que, aún con toda la intención que tengo, en ocasiones he estado en el lado «del mundo» más que en el lado «no del mundo». Como escribió mi editor en el margen del manuscrito de este capítulo: «Ir a fiestas no es para el débil de corazón; ir al mundo no nos permite excusar nuestra estupidez». Y esta cuestión, más que otras, te hará parecer muy mundano para tus amigos cristianos y muy cristiano para tus amigos mundanos.

Entonces, ¿por qué ir a las fiestas? Por que Dios ama a la gente y la gente necesita al Señor. Decidiste seguir a Jesús, no hay vuelta atrás, no hay vuelta atrás. Te veo en la fiesta.

CAPÍTULO 8

■ EVITA EL SÍNDROME DE CORINTO

LUEGO DE QUE TE HE INSTADO A amar al mundo e ir a la fiesta, sé que debo advertirte de los peligros de seguir ese buen, aunque peligroso, consejo. Existen riesgos inherentes cuando vas al mundo. Ya antes tratamos el tema de amar al mundo, pero existe un mundo que no debemos amar y que se revela en dos formas: (1) el género humano caído de la gracia de Dios y sus sistemas que están en enemistad con Dios, y (2) la era ilusoria y temporal que ha de pasar para siempre. Quizá el mayor riesgo que enfrenta el discípulo cuando lleva el mensaje de Jesús al mundo es el tremendo tirón gravitacional hacia el mismísimo lado oscuro. La siguiente es una historia que nos sirve de advertencia sobre aquellos que no sólo parecían muy mundanos, sino que se hicieron muy mundanos.

LA HISTORIA DE JOE

Muchos cristianos entran al mundo profesional con la intención de estar ahí para ser testigos de Jesús. Sin embargo, demasiados de nosotros terminamos siendo exitosos profesionalmente pero encallando en los arrecifes espiritualmente. Joe fue uno de esos hombres. Él era el propietario de una exitosa agencia de publicidad en Chicago, y un amigo mutuo, quien sabía que Joe necesitaba ayuda, nos presentó.

Cuando fuimos a cenar por primera vez, simpatizamos de inmediato. Joe es un hombre inteligente, de rápidas e inteligentes respuestas, culto, renacentista del tipo «A», con mucho entusiasmo por la vida. Al igual que yo, es un apasionado de la buena comida, tal como lo evidenciaba su abdomen perfectamente ajustado por la tensión de su apretado cinturón. Cuando nuestra conversación giró en torno al asunto de su jornada espiritual, su humor cambió. Se inclinó calladamente sobre la mesa para contarme su historia.

Joe se convirtió en creyente mientras cursaba los estudios universitarios. Con el paso del tiempo se unió al equipo ministerial de estudiantes que fue usado para conducirle a su propio despertar espiritual. Consciente del llamado de Dios para ir al mundo, Joe concluyó que ganarse el respeto profesional era el camino para poseer un testimonio creíble y el derecho a ser escuchado al hablar de cuestiones de fe.

Entró al mundo de la publicidad y su creatividad y talento le llevaron por un camino ascendente rápido a través del escalafón de una firma bien establecida, recibiendo premios y ganando una buena reputación debido a sus campañas publicitarias a nivel nacional. Conforme creció la firma, su agudeza creativa se opacó y con el paso del tiempo uno de sus clientes lo convenció de establecer su propio negocio. Así lo hizo, y comenzó a sobrepasar el éxito creativo y financiero de su empresa previa. Estaba en una muy buena racha.

Sin embargo, su éxito estaba exigiendo un precio. Desde el principio, debido a su deseo de influenciar a sus colegas a favor del reino, sintió que necesitaba identificarse con ellos más que juzgarlos. Desafortunadamente, y cada vez con más frecuencia, se hallaba comportándose exactamente como ellos. Con frecuencia salía con clientes venidos de ciudades lejanas que querían pasarse un rato divertido en la gran ciudad. Sentía que era su obligación mostrarles qué era pasarse un rato divertido, así que eso hacía.

Su definición de «rato divertido» cruzaba muchos límites que él se había establecido antes de entrar a este negocio. Comenzó a beber alcohol de forma extrema, en algunas ocasiones llevó a sus clientes a bares en donde las mujeres no estaban vestidas de la cintura para arriba, justificando su presencia allí a nivel profesional como un «costo por llevar a cabo negocios», y a nivel espiritual diciendo que estaba siguiendo a Jesús hasta donde se encuentran los pecadores. Con el paso del tiempo, abandonó toda racionalización espiritual y se concentró en construir un negocio exitoso, sintiendo muy pronto que no tenía necesidad de justificar lo que hacía, ya que le gustaba lo que hacía y la dirección hacia donde todo esto le llevaba.

Quizá lo más problemático es que comenzó a considerar a su trabajo y a sus colegas eminentemente más estimulantes que las cosas cotidianas que le esperaban en casa con su mujer y sus tres hijos. A sus prolongadas horas del fin de semana añadió salidas de fin de semana para «desarrollar cuentas» y que a menudo, en realidad, no eran algo más que una forma de disfrutar salidas de fin de semana a costa de la compañía, en la presencia de personas que le entendían y que lo consideraban excesivamente divertido. Su familia, por otro lado, estaba excesivamente molesta con él. Para Joe, por supuesto, esto significaba que no eran agradecidos y que les faltaba imaginación. Después de todo, proveía para todas sus necesidades y deseos. ¿Qué más podrían querer?

Joe había iniciado este negocio con el consejo de un grupo de auditoría espiritual, pero comenzó a estar demasiado ocupado para reunirse con sus amigos para el desayuno semanal. Debido a que no estaba a gusto con su iglesia debido a que a esta le faltaba interés por alcanzar al mundo, desarrolló argumentos sofisticados respecto a por qué la iglesia visible no era de todas maneras la verdadera iglesia. Pensaba que la verdadera iglesia era un remanente de rebeldes que entendía el evangelio como un grupo de personas ajenas, en vez de un prístino club de personas de tipo suburbano y de altas ambiciones. No quería ser parte de la farsa de la gente pudiente, piadosa y suburbana que se autodenominaba su iglesia local, así que Joe se retiró y en cierto momento hasta comenzó su propio grupo para personas alejadas de la iglesia. Éste pronto degeneró de ser «una fiesta con propósito» a sólo una fiesta.

Rich, nuestro amigo mutuo, estuvo al lado de Joe durante todo ese proceso. Pensaba que si Dios no abandonaba a la gente, tampoco él tendía que hacerlo. Además, Joe le simpatizaba mucho y le era muy estimado. Yo podía darme cuenta de la razón. Joe es el tipo de persona que a la gente le gusta frecuentar, porque en donde quiera que está ocurren cosas interesantes. Joe conocía una infinidad de chistes y anécdotas y los relataba muy bien. Era el tipo de bebedor raro que se hace más exuberante y alegre conforme se va terminando la noche. ¡Las personas que trabajaban con Joe sentían que se les pagaba por pasárselo bien! Entre su extraordinario talento y su personalidad alegre, pude notar claramente la razón por la que su negocio era un éxito.

Pero Rich sabía que Joe se encontraba en una peligrosa encrucijada. Debajo de esa fachada festiva, Joe estaba siendo consumido por su conciencia y porque evidentemente sus ganancias profesionales estaban dando como resultado la ruina espiritual para él y para su familia. Su hija, que para entonces estudiaba la preparatoria, la niña de sus ojos, recién le acababa de decir que estaba embarazada. Después de su graduación, asistió a una fiesta que duró toda la noche, se emborrachó y terminó en la cama con un jugador de fútbol americano. Joe estaba encarando la posibilidad muy real de perder su matrimonio. Su esposa estaba ya bastante harta de su caballeroso ausentismo justificado con un «lo siento familia, pero tengo que…». Quería tener un compañero en su matrimonio y estaba convencida de que Joe jamás sería ese compañero, así que quería terminar con la relación.

Conversando en tonos menos animados, Joe me contó sus sueños no alcanzados. «Cuando comencé esta empresa tenía tres metas. Quería tener un gran matrimonio, un ministerio efectivo en el mundo real y un negocio exitoso. Esta noche me siento como si fuese ya muy afortunado si tan sólo pudiera aferrarme a souno de esos tres». Luego describió cómo se sentía: «¿Has escuchado sobre la difícil carrera de jeeps que corren a través del desierto del Sahara?—me preguntó—. ¿Sabes que al final de la competencia los parabrisas están llenos de polvo, lodo y suciedad? Para cuando el ganador cruza la línea de meta, ¡ya no puedes ver hacia dentro del vehículo y el piloto no puede ver qué hay afuera! Mi vida es como eso. He estado compitiendo en un ambiente contaminado durante tanto tiempo que cualquier rastro de vida espiritual que hubiera en mí está cubierto con una capa de basura tan gruesa que nadie puede ver desde afuera y yo no sé siquiera si sigue ahí todavía».

«El síndrome corintio», le dije, asintiendo con la cabeza en señal de comprensión.

«¿El qué?», me preguntó.

Entonces le recordé a Joe acerca de la iglesia de Corinto. La iglesia de Corinto estaba situada en un lugar estratégico pero muy peligroso, en un centro pagano famoso por la extravagancia de sus placeres y vicios. Los visitantes extranjeros se dirigían en multitud hacia lo que era internacionalmente conocido como la «ciudad moralmente abierta» en busca dee riqueza o placer. La ciudad se ufanaba de tener el único anfiteatro en Grecia, al igual que numerosos teatros, tabernas, baños públicos y tiendas. Un joven capturó el espíritu de Corinto cuando escribió lo siguiente: «Vivo como lo hace un hombre de alcurnia. Tengo una amante que es muy bella. Nunca he sido injusto con ningún hombre. Bebo vino de Chian y, en cualquier otro aspecto, me las arreglo para satisfacerme, pues mis recursos propios son suficientes para este propósito». Una cultura pluralista, permisiva y religiosa floreció en este ambiente licencioso. Una gran variedad de sectas orientales y helenistas se habían establecido allí con sus templos, santuarios y altares. El más famoso de ellos era el templo de Afrodita. Más de mil sacerdotisas estaban involucradas en la prostitución ritual en este templo, encaramado a seiscientos metros por sobre la ciudad y consagrado a la diosa del amor.

Fue por causa de este ambiente pagano que el apóstol Pablo le recordó a la iglesia corintia que había sido llamada a apartarse y ser santa en Jesucristo (1 Corintios 1:2). Les instaba a permanecer puros y a evitar caer en el pecado, sin aislarse de los pecadores. Sin embargo, en esta misma iglesia, Pablo descubrió que había un hombre que vivía con su madrastra en una relación incestuosa, una inmoralidad rechazada hasta por la cultura corintia, sexualmente libertina. Este era un caso claro de una iglesia llamada a ser una luz en medio de las tinieblas, pero sofocada por los vientos del menoscabo moral. En una cultura tan saturada de sexo, no muy distinta a la nuestra, los poderes de la cultura abrumaron a algunos de los cristianos corintios. Habiendo sido llamada a ser una influencia en la cultura, la cultura había influenciado más a la iglesia.

Los esenios, un grupo del tiempo de Pablo, creían que este tipo de historia comprobaba el por qué las personas que aspiraban a la santidad—por necesidad y por causa de su propia preservación espiritual—debían salir del ambiente pagano y retirarse a una «comunidad separada» y aislada. Pero no Pablo. Pablo les dice a los corintios que no se asocien con este *hermano* moralmente caduco, pero continúa diciéndoles explícitamente que no les está pidiendo que eviten a los *incrédulos* inmorales de este mundo, porque eso podría significar salir totalmente de este mundo.

La historia de Joe ilustra el hecho de que nuestra jornada hacia el mundo es peligrosa. Aun cuando tenía la intención en su corazón de construir un puesto de avanzada para el reino de Dios en el mundo de la publicidad, sucumbió ante el síndrome corintio y sus esfuerzos no sólo fueron neutralizados sino completamente destruidos. Sus instintos para ir al mundo eran apropiados porque *no ir* al mundo es una obediencia explícita, pero su ejecución fue fatalmente defectuosa. Ahora, su única alternativa era confesar su total fracaso, volverse de sus malos caminos, devolver el control de su vida a Dios y permitir que él iniciara un lento proceso de dirección de la reparación de todo aspecto dañado de su vida.

El síndrome corintio puede ser tan aterrador que puede también hacernos abandonar nuestro llamado a ir al mundo. Necesitamos que se nos recuerde todo acerca de los poderes protectores de Dios. Sigue leyendo.

CAPÍTULO 9

PROTÉGETE

LAS TENTACIONES VIENEN EN DIFE-rentes presentaciones: adicción al trabajo, abuso de sustancias, conducta financiera inapropiada e inmoralidad sexual, por nombrar solo algunas. En cada uno de los casos, si te rindes a ellas, harás que disminuya tu efectividad al dar el mensaje de Jesús al mundo. Así ha ocurrido desde que la iglesia comenzó. Allá por el siglo primero, Demas, uno de los protegidos del apóstol Pablo, amó al mundo presente y abandonó a su mentor para vivir en el próspero puerto de Tesalónica.

Cada uno de los discípulos que sigue a Jesús en su camino hacia el mundo será tentado por los deseos de la carne, el deseo de los ojos y el orgullo de las riquezas. Prácticamente cada uno de los que van de manera intencional al mundo tratando de dar testimonio del evangelio, se coloca a sí mismo en el camino del daño. Y entonces, ¿qué nos guarda y protege en tales circunstancias?

LA ORACIÓN

En una de sus últimas oraciones al estar en la tierra, Jesús reconoció su preocupación por los discípulos cuando se dirigían hacia el mundo. Oró a su Padre así: «No te pido que los quites del mundo, sino que los protejas del maligno» (Juan 17:15). Unos meses antes le enseñó a sus discípulos otra corta oración, alentándolos a orarla diariamente: «Y no nos dejes caer en tentación, sino líbranos del maligno» (Mateo 6:13). Jesús mismo se levantaba mucho antes del amanecer para pasar tiempo con su Padre celestial, y para ser capacitado para las oportunidades, pruebas y tentaciones que enfrentaría ese día mientras se dirigía hacia el mundo.

EL ESPÍRITU SANTO

Jesús prometió que, después de regresar al Padre, Dios nos enviaría un abogado, el Espíritu Santo, cuyo propósito sería glorificar a Jesús y actuar con poder a nuestro favor. El Espíritu Santo está presente con los discípulos de Jesús cada día, dispuesto a enseñarle todas las cosas, a recordarte todo lo que dijo Jesús, a darte exactamente las palabras que debes decir cuando te metes en situaciones complicadas.

Cada día, antes de dirigirte hacia el mundo, debes invitar al Espíritu Santo a que haga de tu vida su residencia absoluta. El Espíritu de Dios es santo y no puede tolerar el pecado. Todos los días, mientras invitas al Espíritu Santo a llenarte, te nutres con la presencia de Dios de una forma que, de hecho, repele al mal. Jesús estaba tan lleno de la presencia de Dios que los espíritus malignos daban alaridos simplemente porque el Señor estaba cerca.

TEMOR DEL MALIGNO

Después de que Gordon MacDonald confesó públicamente y se arrepintió de su infidelidad marital, la gente se preguntaba cómo es que eso podría haber ocurrido. Él comparó su vulnerabilidad con el hecho de que en Rusia se hubiera violado la seguridad cuando un joven piloto de Alemania Oriental aterrizó una avioneta en la Plaza Roja de Moscú. Es posible que recuerdes el asombro de todo el mundo al enterarse de que un piloto joven y relativamente poco experimentado, en un pequeño y mal equipado avión pudiera penetrar tan fácilmente el espacio aéreo ruso, con todo y la protección de sus sofisticados sistemas de detección. La explicación del piloto era simple. Voló bajo, fuera del alcance del radar. Gordon y cada uno de los que estamos familiarizados con el profundo fracaso estamos bien concientes del ingenio y de los recursos del Maligno, que astutamente vuela por debajo del alcance de nuestro radar hacia las áreas no protegidas de nuestras vidas. Tal temor nos pone en alerta y nos concientiza de nuestras vulnerabilidades.

LAS CICATRICES QUE NOS RECUERDAN NUESTROS FRACASOS

En una ocasión, mientras podaba el pasto, traté de negociar mi trayectoria por debajo de una palmera con ramas que colgaban muy bajo. Las filosas orillas de la rama atraparon mi brazo, cortándome la venas del interior de mi brazo. Eso ocurrió cuando yo era adolescente y todavía está una cicatriz allí. Apenas la semana pasada, mientras les enseñaba a mis hijas cómo utilizar una podadora de césped de alto poder, les conté la historia de la cicatriz para advertirles de los riesgos que implica la tarea que estaban emprendiendo.

De la misma forma, nuestros fracasos espirituales dejan cicatrices que permanecen mucho después de que hemos sido perdonados. Su propósito es protegernos del mal al recordarnos el dolor del pecado.

Joe, que se entregó al síndrome corintio, una vez que fue perdonado, es menos propenso a caer otra vez porque sintió el dolor de su pecado y conserva sus cicatrices.

LAS PALABRAS Y ARMAS DE PARTE DE DIOS

Cuando fue llevado al desierto y fue tentado, Jesús citó las palabras de Dios al Maligno, y el Diablo huyó por la fuerza de las palabras de Jesús. En la batalla entre las tinieblas y la luz, existen grandiosas armas disponibles en contra del lado oscuro, y una de ellas es la Palabra de Dios. Las palabras de Dios se describen de diversas formas: como comida, luz para el camino y como una espada protectora que discierne en contra de los poderes cósmicos de esta presente oscuridad. Otros elementos de nuestra armadura protectora incluyen a la verdad, la justicia, el evangelio de la paz, la fe y la salvación (Efesios 6:10-17).

El apóstol Pablo indica que el uso apropiado de estas armas espirituales requiere de entrenamiento. Ninguno de nosotros esperaría entrar a una competencia atlética o a la arena olímpica sin disciplina y práctica; sin embargo, ¡por alguna razón desconocida creemos que podemos entrar a la batalla espiritual cósmica en contra del Maligno con sólo darnos una vueltecita alrededor de la manzana! Entrenamos para la batalla espiritual al practicar las disciplinas diarias de la oración, la meditación en las palabras de Dios y a través de permanecer callados de forma que podamos escuchar la voz de Dios.

AYUDA DE PARTE DE NUESTROS AMIGOS

Jesús espera que sus discípulos se conviertan en una comunidad fuertemente entretejida. Ninguno de nosotros debería dirigirse de forma individual hacia el mundo como «llaneros solitarios» de Dios, separados del apoyo, alimento y rendición de cuentas de y hacia nuestros compañeros discípulos. Los grupos de rendición de cuentas entre los hombres se hicieron populares como resultado del movimiento de los *Promise Keepers* [Cumplidores de promesas]. Aunque no a todo mundo le son de utilidad estos grupos, esto es lo que puedo decir a partir de mi propia experiencia: Reúne a unos cuantos tipos honestos que deseen hablar de sus obras y deseos más oscuros, haz que sondeen entre ellos mismos sus verdaderas conductas y pensamientos, y todo esto puede ser un poderoso incentivo para no pecar. Noté que Michael Card, un

cantante cristiano y maestro de la Biblia, tenía un radiolocaliza-
dor la última vez que estuvo en mi programa de radio, así que le
pregunté la razón. Me explicó que su grupo de rendición de cuentas estaba equipado con radiolocalizadores para que en algún
momento de debilidad o crisis, cualquiera de los otros hombres
pudiera poner de inmediato un llamado electrónico de auxilio.

Recordé a uno de mis amigos que, muchos años antes de que
los grupos de rendición de cuentas fuesen populares, me llamó
muy tarde por la noche para decirme que necesitaba ayuda. Había asistido a una fiesta que se salió de control, estaba borracho
por primera vez en su vida, se había desmayado y ahora se encontraba en la recámara de un piso alto en una casa desconocida.
Cuando recobró el sentido, la fiesta estaba todavía en su apogeo.
Su primera reacción no fue la vergüenza, aunque ésta vino después. Su primera reacción fue el temor. ¿Cómo es que se había
metido en esta terrible situación, y cómo podría salir de ella? Recordó que llevaba mi número telefónico en su billetera, así que
me llamó. La voz familiar de un amigo cristiano era la dosis de
realidad que necesitaba para hacer lo correcto.

UNA GARANTÍA

Tiemblo cada vez que aliento a los cristianos a dirigirse hacia
el mundo para testificar de Jesús porque sé que somos débiles y
propensos a divagar, además de que enfrentamos a un adversario
que es hábil, estratégico y que quiere dañar nuestras almas mortales. Y más que nunca el mundo es un realmente un lugar más
peligroso para nuestros hijos y para nosotros. Pero también sé
que Jesús nos llama a reñir al mundo y promete que él será más
poderosos que el Maligno que busca destruirnos. Y tengo la
garantía de que Jesús nos envía con sus oraciones por sus discípulos, entre los cuales estamos incluidos:

No te pido que los quites del mundo, sino que los protejas del maligno. Ellos no son del mundo, como tampoco lo soy yo. Santifícalos en la verdad; tu palabra es la
verdad. Como tú me enviaste al mundo, yo los envío
también al mundo. Y por ellos me santifico a mí mismo,

para que también ellos sean santificados en la verdad. No ruego sólo por éstos. Ruego también por los que han de creer en mí por el mensaje de ellos (Juan 17:15-20).

CAPÍTULO 10

EXPERIMENTA EL EVANGELIO

RECIENTEMENTE, LA EMPRESA INTERnacional McDonald's le pidió a su agencia de publicidad la realización de un estudio ultra secreto de seis meses para identificar las razones esenciales de su éxito. Sentían la necesidad de volver a recobrar su enfoque original. En una revelación que hizo que las amas de casa en todos los Estados Unidos de América expresaran con un golpe en la frente la obviedad, McDonald's descubrió lo que los consumidores esperan de ellos. ¿Preparado para esto? Estos son sus impactantes descubrimientos: comida de calidad; servicio rápido y amable; buenos precios y limpieza. McDonald's se refirió a esto como su «esencia de marca» y confesó que en ocasiones no se han apegado a ella.

¿Y esto qué tiene que ver con el evangelio? Me parece que nos es fácil olvidar lo que es esencial y realmente emocionante acerca del evangelio y al hacer esto perdemos nuestro entusiasmo por disfrutar personalmente todos los beneficios del evangelio y por comunicarlos a otros. Cuando escucho los lamentos del corazón humano, recuerdo la forma en la que el evangelio está hecho a la medida para satisfacer nuestros anhelos y necesidades humanas más profundas.

Nuestro anhelo por Dios

El ser humano anhela una relación íntima y personal con el Dios trascendental. Este anhelo interno por Dios con conduce a buscarle. Es la morada a la que el personaje de Ernest Hemingway le da voz en las últimas líneas de «Papá», el drama de un solo personaje de John deGroot.

Muy cerca de la mismísima cima del Kilimanjaro, casi en la cumbre, yace el cuerpo congelado de un enorme leopardo macho. ¿Qué fue lo que condujo a esta orgullosa y sola criatura hasta esas fatales alturas? ¿Qué le hizo ir allí? ¿Y escalar esa altura? Algunos creen que estaba seriamente herido y así trató de escapar de su dolor. Pero los nativos dicen que estaba buscando a Dios.

Durante una reciente entrevista con Robert Stone, el ganador del *National Book Award* [Premio Nacional del Libro], mencioné haber entendido eso cuando él abandonó el catolicismo de su juventud del que se sintió liberado, sólo para darse cuenta, veinte años después, que se sentía como si «hubiera perdido la mitad de la cabeza». Me contestó lo siguiente: «Yo creo que le ocurre a muchísima gente. Dejas una religión sintiéndote tremendamente liberado y luego, años después, descubres que algo realmente importante te hace falta ... y comienzas otra vez todo de nuevo o vuelves y tratas de recuperarlo; o si no, tratas de sustituirlo con alguna otra cosa». Continuó diciendo lo suguiente: «Existe ese elemento en el hombre al que se refirió Pascal: "En todas partes el mundo da evidencia de un Dios desvanecido y el hombre, en todas sus acciones, da evidencia de un anhelo por ese Dios". Así que te las arreglas en alguna forma. De una o de otra forma tienes que llenar ese espacio».

Este anhelo por el Dios trascendente es universal, y tanto jóvenes como viejos lo experientan. Douglas Coupland, el máximo representante de la Generación X, revela su propia hambre de Dios en el libro *Life Alter God* [La Vida después de Dios]. Allí describe cómo fue criado en una ambiente culturalmente relativista sin ningún tipo de instrucción religiosa. Hacia el final del libro, él lanza la bomba:

> Este es mi secreto. Te lo digo con un corazón abierto que dudo volver a tener otra vez, así que oro por que estés en un cuarto tranquilo cuando leas estas palabras. Mi secreto es que necesito a Dios—estoy harto y ya no puedo seguir en esto solo. Necesito que Dios me ayude a dar, porque ya no soy capaz de dar; que me ayude a ser bondadoso, pues ya no soy capaz de bondad; que me ayude a amar, pues parece que estoy más allá de la capacidad de amar.

NUESTRO ANHELO POR IDENTIDAD Y PROPÓSITO

El ser humano anhela entender su propia identidad y propósito. El filósofo social británico Charles Handy dice lo siguiente: «La nuestra es la época del Espíritu Hambriento, en la cual el hombre está en la búsqueda de su propósito en el mundo moderno».

El investigador George Barna reportó en 1997 que el 43% de las personas adultas están tratando de definir el propósito y significado de la vida.

¿Por qué estamos aquí? ¿Cuál es nuestro propósito? ¿Cuál es el sentido de mi vida? Estas son las preguntas que la mayoría de los seres humanos se hacen de forma silenciosa, privada y, a menudo, desesperada.

NUESTRO ANHELO DEL SENTIDO DE COMUNIDAD

El ser humano anhela un sentido de comunidad. Recuerdo una conversación con Barry Lopez, otro ganador del *National Book Award* [Premio Nacional del Libro]. En la introducción de su libro *About This Life: Journeys on the Threshold of Memory* [Acerca de esta vida: Jornadas en el umbral de la memoria], dice lo siguiente: «Creo que en todas las sociedades humanas hay un deseo de amar y ser amado, de experimentar toda la intensidad de la emoción humana, y de hacer de una medida de lo sacro algo que forme parte de la propia vida».

Intrigado por este comentario, nos involucramos en una discusión fuera del aire acerca de su jornada espiritual y la conexión de ésta con la comunidad.

Lopez me contó acerca de un congreso de escritores al que asistió. Algunas personas creativas reunieron a un grupo de novelistas en un retiro privado y por invitación con otros autores exitosos. Solitarios por naturaleza, la mayoría de los autores sólo asistió por curiosidad y por sentirse obligados con sus casas publicadoras, en una mezcla de sentimientos que también incluía ciertos vagos temores de ser castigados por no hacerlo. Hacia el final de la primera tarde, la discusión se redujo a una simple pregunta: ¿Existe un común denominador en nuestras temáticas al escribir? ¿Hay alguna preocupación que compartamos al explorar la vida al final del siglo veinte? De manera muy interesante, este grupo ampliamente diverso de individualistas independientes halló un punto de acuerdo unánime. Concluyeron que «...el tema que comparten todas nuestras obras es un anhelo humano universal por el sentido de comunidad».

El sociólogo Robert Wuthnow estaría de acuerdo, como lo dice en *I Came Away Stronger* [Me separé más fortalecido]: «Los Estados Unidos de América, en el final del siglo veinte, son fundamentalmente una sociedad en transición. Está más que claro el tipo de sociedad que tendremos en el siguiente siglo. Una cosa es clara, la búsqueda por el sentido de comunidad y por lo sagrado continuarán caracterizando al pueblo norteamericano».

Nuestro anhelo de Perdón

El ser humano anhela ser libre de culpa y vergüenza. El actor Danny Glover, en la película *Grand Canyon* [El Gran Cañón], en la que interpreta al chofer de una grúa, resume el dilema humano en su mensaje a un joven jefe de una banda criminal callejera. Un abogado, interpretado por Kevin Kline, de regreso a su casa luego de presenciar un juego de los Lakers de Los Ángeles, se equivoca en una salida, se pierde y su auto se descompone en la parte fea de la ciudad. Llama por teléfono pidiendo una grúa pero, antes de que ésta llegue, una banda callejera se aproxima lenta y amenazadoramente hacia el auto de Kline. Justo a tiempo, el chofer de grúa Danny Glover llega a la escena para intervenir. Aparta al jefe de la banda y le dice:

Amigo, no se supone que el mundo funcione así. Tal vez no lo sepas, pero así no se supone que sea. Se supone que yo debo poder hacer mi trabajo sin preguntarte a ti si puedo hacerlo. Y ese amigo se supone que tiene que poder esperar con su auto sin que tú le digas nada. Todo se supone que debe ser distinto a lo que es aquí.

Una columna editorial del *Wall Street Journal* [Diario de Wall Street], en diciembre de 1991, lo pinta de esta manera: «En los Estados Unidos de Norteamérica hay problemas de drogadicción, problemas sexuales en las preparatorias, problemas de bienestar social y problemas con el índice de violación. Ninguno de ellos se desvanecerá hasta que más personas en puestos de responsabilidad estén dispuestas a salir a explicar, en términos de franqueza moral, que algunas de las cosas que la hace la gente hoy día son incorrectas». A pesar de los intentos persistentes de racionalizar el concepto del pecado a través de ejercicios relativistas de definición de valores, todos los seres humanos podemos reconocer que hay acciones correctas y acciones incorrectas. Experimentamos sentimientos de culpa cuando hacemos algo incorrecto. Además de sentir culpa por lo que hemos hecho, nos dicen los sicólogos que nuestros sentimientos de vergüenza tienen su raíz no en lo que hemos hecho, sino en lo mucho que nos sentimos incapaces e imperfectos por ser *quienes somos*.

Nuestro anhelo por la Eternidad

El ser humano anhela entender su destino eterno. La revista *People* [Gente] publicó la conmovedora historia del servicio memorial del integrante de la banda musical de los Beach Boys, Carl Wilson. En el funeral, Brian, el hermano de Carl, se desplomó sobre los brazos de su esposa y gritó: «Carl se fue. Se fue, y no sé a dónde fue». En ese momento, Brian Wilson le dio voz a la pregunta universal sobre la vida: ¿Qué pasa cuando morimos?

El impacto final de estos anhelos humanos no satisfechos es una falta general de bienestar. Los sicólogos a veces se refieren a esto como una «ansiedad que flota libremente». El autor John Updike lo resume de esta forma: «Puede que vivamos bien, pero eso no quita la sospecha de que ya no vivimos con nobleza».

La satisfacción de nuestros anhelos

¿Cómo satisface el ser humano este anhelo universal? ¿Cómo podemos restaurar la sensación de bienestar? Joni Mitchell, de una manera muy extraña, se aproxima muchísimo a la respuesta correcta en su canción «Woodstock», en la que clama: «Debemos ir de regreso al jardín».

Dentro de cada ser humano hay una conciencia vestigial de una época en la que todas las cosas estaban bien y eran correctas. Es una memoria distante y antigua del Jardín del Edén. En nuestra memoria colectiva está incrustado este conocimiento intuitivo y vaga conciencia de un tiempo y lugar en el que experimentamos una relación personal con el Dios trascendente, entendimos nuestra necesidad y propósito, disfrutamos un sentido de comunidad, no experimentamos culpa ni vergüenza y estuvimos seguros de nuestro destino eterno. Éramos bendecidos por Dios (Génesis 1:28). El sentido bíblico de «ser bendecido» se refiere al bienestar que viene de Dios como su regalo a la humanidad.

Y luego vino el pecado.

En una época en la que no hablamos a menudo de «la palabra que empieza con "p"», es extremadamente importante que entendamos qué es realmente el pecado. Oswald Chambers lo define en *My Utmost for His Highest* [Lo mejor de mí para lo máximo de Él]: «La naturaleza del pecado no es la inmoralidad ni las malas acciones, sino la naturaleza de la autorrealización que nos lleva a decir: "Yo soy mi propio dios"». Cuando los primeros humanos sustituyeron a Dios con ellos mismos fueron expulsados del jardín del bienestar. Perdimos nuestra relación personal con Dios. También se fue nuestra seguridad acerca del sentido de la vida y de la identidad, nuestra unidad e igualdad de relación quedaron reducidas a añicos, nuestro destino eterno fue sustituido por la muerte. Desde ese momento, todos los seres humanos hemos anhelado lo que fue nuestro en el jardín.

Y luego vino el evangelio.

La buena noticia es que Dios está reparando todo lo que se desenmarañó cuando los seres humanos fueron expulsados del jardín. Como resultado de esto, podemos nuevamente experimentar el bienestar que viene de ser bendecido por Dios. Todo esto está disponible a través de Jesús, el Hijo Unigénito de Dios.

Por medio de la vida de Jesús y de sus enseñanzas aprendemos que Dios ha establecido un reino nuevo al dar acceso a Dios en una relación tan personal, accesible e íntima, que todos podemos llamarle a Dios «Papito» («Abba» en la oración que hizo el Señor). En el nuevo reino de Dios, las relaciones se construyen basadas en un pacto de amor y perdón. Existe la igualdad en este reino porque «Ya no hay judío ni griego, esclavo ni libre, hombre ni mujer, sino que todos ustedes son uno solo en Cristo Jesús» (Gálatas 3:28). Dentro de este reino nuevamente abrazamos nuestra identidad como creaciones únicas a imagen de Dios, diseñados para expresar nuestros talentos de manera cooperativa con otros en un esfuerzo que glorifica a Dios y bendice a otros.

Más aún, por medio de su muerte y resurrección, Jesús nos ofrece libertad del pecado y de la culpa. Con su muerte, Jesús paga la deuda de nuestro pecado, y nos alivia de nuestra culpa. En su resurrección, él demuestra su poder para ofrecer una naturaleza humana nueva y transformada, libre de vergüenza y destinada a la eternidad con Dios.

Todo esto es nuestro debido al gran amor de Dios el Padre. En el conocido relato del hijo pródigo, Jesús enseña la historia común a toda la humanidad de un hijo que deja a su padre, se da cuenta del error de su proceder (pecado), y regresa a casa. Su padre, cuyo amor nunca disminuyó, mira a su hijo a la distancia, corre a su encuentro, lo abraza y hace una fiesta de celebración. El perdiódico *The New York Times*, al reseñar el libro de Ron Hansen, *Atticus* [Ático], capturó este espíritu y concluyó de la siguiente forma: «Esta es la historia de un hijo que se comportó de una forma absolutamente imperdonable; y de su padre otorgándole un perdón absoluto». Dios nos ama de manera extravagante y quiere restaurar nuestro bienestar. *¡Estas son realmente buenas noticias!*

Entonces, ¿cómo deberíamos responder a un evangelio como este?

RECIBE EL EVANGELIO

Aquel que busca necesita recibir el don de Dios al seguir a Jesucristo. Como hemos visto, el evangelio satisface los anhelos esenciales de el alma humana. El evangelio proclama a Jesucristo como el restaurador de nuestras almas y como el camino de vuelta al jardín. Y el evangelio invita a todo aquel que busca a arrepentirse de sus pecados, negarse a sí mismo, tomar una cruz, y seguir a Jesús, confiando en él para una vida nueva, abundante y eterna.

EXPERIMENTA EL EVANGELIO

El creyente necesita experimentar y gozar el evangelio todos los días. Este recordatorio de la esencia del evangelio también es un llamado para que todos los cristianos celebren lo que Dios proveyó en este gran evangelio. Tal como McDonald's olvidó la esencia de su éxito, muchos cristianos olvidan el evangelio o lo dan por un hecho. Una vez le pedí a Claude King, coautor de la Biblia de estudio *Mi Experiencia con Dios*, que me explicara el arrollador éxito de lo que en realidad es un curso muy elemental. Me respondió lo siguiente: «El cristianismo occidental, a menudo tan proposicional y didáctico, ha reducido a Dios a una serie de premisas intelectuales que deben creerse, o atributos que deben aprenderse, ¡pero que en realidad no se experimentan!».

El evangelio es más que un conjunto de ideas que deben cre-erse; es una relación personal y restauradora con Dios, quien desea bendecirnos todos los días con bienestar, identidad, propósito, comunidad, libertad de culpa y vergüenza y con la seguridad de una vida eterna con él.

¿Por qué razón tantos de nosotros somos cristianos del tipo de los que se comportan con una actitud de «no me preguntes, no te digo»? Me temo que es porque algunas veces perdemos nuestra admiración y aprecio por el evangelio esencial. El comunicar con efectividad el evangelio a otras personas se inicia con la experien-cia del poder restaurador del evangelio cada día. Estar atento al evangelio en nuestra propia vida es el preludio de comunicárse-lo a otros. Joseph Campbell le contó alguna vez a Hill Moyers en una entrevista del canal PBS lo siguiente: «Somos de utilidad al mundo al estar bien espiritualmente». El finado Henri Nouwen escribió en *Sabbatical Journey* [Viaje sabático]: «La primera pre-gunta [para el discípulo] no es: "¿Cuánto hago?" o "¿A cuánta gente ayudo?", sino "¿En mi interior estoy en paz?"».

Si quieres comunicar el mensaje de Jesús al mundo, haz caso a tu alma en relación con el Dios vivo y amoroso. ¡Y disfruta de todos los beneficios de este gran evangelio!

CAPÍTULO 11

■ VIVE EL EVANGELIO

EN LA PRESENCIA DE DIOS HAY UN poder transformador que cambia la vida. Después de que Jesús ascendió al cielo, ese poder se personalizó en el don del Espíritu Santo que habita en cada creyente de forma individual. El Espíritu Santo transformó a Pedro de ser traidor a ser un valiente apóstol. El Espíritu Santo imprimió de forma tan completa la poderosa presencia de Jesús en la iglesia de Antioquía que, por primera vez, los espectadores acuñaron el término cristiano, que tiene como significado «gente de Cristo».

Cuando permitas que el Espíritu Santo te transforme, podrás comunicar a Jesús con más efectividad en tu mundo.

Dado que el evangelio, más que un conjunto de ideas que creer, es una relación restauradora con Dios, este proceso de restauración debe observarse en tu vida. Como lo dijo el legendario entrenador John Wooden: «Si fuese perseguido por mi religión, realmente esperaría que existiera evidencia suficiente para condenarme». Francisco de Asís dijo una vez: «Predica el evangelio y, si es necesario, utiliza palabras». Él está en buena compañía. H. M. Stanley descubrió a David Livingston en África Central. Luego de pasar tiempo con él, comentó: «Si hubiera estado con él más tiempo hubiera sido persuadido a convertirme en cristiano, y él nunca me habló de eso en lo absoluto».

Todo esto sigue el patrón revelado por el apóstol Pedro cuando escribió: «Mantengan entre los incrédulos una conducta tan ejemplar que, aunque los acusen de hacer el mal, ellos observen las buenas obras de ustedes y glorifiquen a Dios en el día de la salvación» (1 Pedro 2:12). Pedro enseñó que la vida ejemplar de una esposa podría instar a su esposo a convertirse sin decir una palabra, y los observadores podrían pedir razón de la esperanza tan evidente en la vida de un discípulo.

En su obra clásica griega acerca de la retórica, Aristóteles dijo que la persuasión tiene tres componentes: la lógica (*logos*), la pasión (*pathos*) y la integridad (*ethos*). Creía que toda la lógica y la pasión del mundo no persuadiría a una persona que observara que tu vida no era congruente con tus palabras. Solo cuanto argumentas tu caso de forma razonable, apasionada *e íntegra* conllevará un gran peso.

Recuerdo aquí una anécdota famosa acerca de Gandhi quien, al hacer su primer viaje a Inglaterra en 1930, desembarcó en Southhampton y fue asediado por periodistas que le hacían preguntas mientras todavía estaba en la pasarela del barco. Uno de ellos le preguntó: «Señor Gandhi, ¿qué piensa de la civilización occidental?». El Señor Gandhi respondió: «Pienso que sería una buena idea». Hoy día muchos han escuchado acerca de Jesús, pero piensan que el cristianismo es solamente una idea o un conjunto de creencias porque jamás la han visto en acción. Sin embargo, el argumento más creíble a favor del Cristianismo es su demostración en la vida de un individuo que sigue a Jesús.

Entonces, ¿cómo es que la gente verá el evangelio en tu vida?

OBSERVARÁN TU DEVOCIÓN A DIOS

La Confesión de Westminster resumió nuestro propósito esencial de la siguiente forma: «¿Cuál es el fin principal del hombre? El fin principal del hombre es glorificar a Dios y disfrutar de él por siempre». J. S. Bach evidentemente entendió esto, pues dijo: «El único propósito de la música debe ser glorificar a Dios y recrear el espíritu humano». De forma rutinaria, Bach rubricó con las iniciales S.D.G. (Soli Deo Gloria) al final de cada manuscrito, indicando que toda su obra tenía la intención de reflejar la gloria de Dios.

La finada madre Teresa dijo que su propósito era «hacer, lograr, ser algo hermoso para Dios». En otra ocasión dijo que ella era «un lápiz en las manos de Dios».

Recuerdo la memorable línea en la película *Carros de Fuego* cuando Eric Liddell sopesa un llamado a servir a Dios en China con un llamado concurrente a ser atleta. Al explicarle esto a su hermana obsesionada con las misiones, le dijo lo siguiente: «Dios me ha llamado a ser un misionero en China, y voy a ir. Pero también me ha llamado a correr y cuando corro siento el gozo de Dios».

Las decisiones profesionales de Liddell no se basaron en el dinero, la seguridad, o aún en el prestigio de competir en las Olimpiadas. Liddell estaba determinado a obedecer y dar gloria a Dios en todo lo que hiciera.

Esta devoción es particularmente poderosa cuando la gente ve nuestra devoción a Dios aun en tiempos difíciles. Mi propia fe ha sido fortalecida a través del testimonio de nuestra hija adolescente, Jessica, quien ha sufrido migrañas crónicas desde que tenía nueve años de edad, pero cuyo amor y compromiso por Dios es profundo e inquebrantable y cuyo alegre espíritu es contagioso.

OBSERVARÁN TU ASOMBRO POR NUESTRO PODEROSO Y TRASCENDENTAL DIOS

J. B. Phillips, en su libro *Your God Is Too Small* [Tu Dios es demasiado pequeño], insta a los cristianos a no conformarse con un Dios hecho a nuestra propia imagen, sino más bien a buscar al único y verdadero Dios. Donald McCullough actualizó este tema en su soberbio libro *The Trivialization of God* [La trivialización de Dios], al observar lo siguiente: «Visita una congregación común y corriente un domingo por la mañana y es muy probable que halles una congregación que se relaciona confortablemente con una deidad que encaja perfectamente dentro de posiciones doctrinales precisas, o que se conforma a las experiencias individuales. Pero es muy probable que no halles mucho asombro en el ambiente». Luego cita a Annie Dillard, quien describe a los cristianos de hoy como «turistas alegres y cretinos en un abarrotado *tour* a través de lo Absoluto».

Annie Dillard, en su libro *Teaching a Stone to Talk* [Cómo enseñarle a hablar a una piedra] añade lo siguiente: «En su totalidad, no encuentro cristianos, fuera de las catacumbas, con la sensibilidad suficiente a las circnstancias. ¿Alguien tiene la más mínima idea del tipo de poder que invocamos de forma tan indiferente? O, tal y como lo sospecho, ¿nadie cree una sola palabra de ello? Las iglesias son niños jugando en el suelo con sus equipos de química, combinando una pila de dinamita para matar un domingo por la mañana. Que las señoras usen sombreros de paja o de terciopelo para ir a la iglesia es una locura; todos deberíamos usar cascos de seguridad. Los edecanes deberían emitir preservadores de vida y señales luminosas; deberían arremeter contra nosotros para acomodarnos en nuestras bancas. Y es que el dios del sueño podría conducirnos hacia donde no podemos regresar nunca más».

Tu intensa devoción y auténtico encuentro con el Dios trascendental atraerá a la gente al evangelio, ofreciéndole a aquellos que están buscando una relación con el Dios vivo y trascendental. Hoy día soy un discípulo porque observé gente que sin duda conocían a Dios y por medio del ejemplo me ayudaron a creer que yo también podía experimentar a Dios. Recuerdo cuando tenía diez años y escuchaba a mi abuelo leernos la Biblia cada mañana luego del desayuno en su cabaña del bosque. No puedo explicarlo, pero yo sabía que mi abuelo nos estaba llevando delante de la presencia de un Dios todopoderoso, que estaba en el cuarto con nosotros, porque estábamos en el cuarto con nuestro abuelo que conocía a Dios. Mi abuelo estaba dedicado a una vida radical de total devoción a un Dios ingobernable que regularmente le sacaba de su zona de seguridad. El abuelo me mostró ese camino por medio de su ejemplo.

OBSERVARÁN QUE VIVES UNA VIDA QUE BENDICE Y SIRVE A OTROS

Frederick Buechner dijo en *Wishful Thinking* [Ilusiones]: «El lugar al que Dios te llama es el lugar donde se encuentran tu gozo profundo y el hambre profunda del mundo». Los cristianos son llamados a ocupar y servir en lugares de profunda necesidad en la sociedad, exactamente como Jesús lo hizo.

Cuando entrevisté a Sri Lankan Vinoth Ramachandra, autor de *Gods That Fail* [Dioses que fallan], citó a George Steiner: «Vivimos en una época en la que la presencia de Dios no puede ser mantenida y la ausencia de Dios no se siente como una pérdida». Le pregunté a Vinoth cómo podríamos probar que Dios es «mantenible y presente» a una persona como esa. Me contestó: «Esa persona debe ver a Dios en las vidas de los discípulos de Jesús». Me recordó que el cristianismo ganó un espacio en Sri Lanka porque, «en Sri Lanka, los cristianos estaban en el frente del desarrollo del sistema médico y proporcionaban cuidado a la salud en el nombre de Jesús». Eso fue algo que la gente jamás olvidó.

Desafortunadamente la gente no siempre ve nuestro evangelio personificado. En el libro *One-Sided Christianity* [Cristianismo de una sola cara], Ron Sider relata la historia de un estudiante universitario judío en Sudáfrica que determinó que no quería ser «como estos cristianos blancos aquí. Cantan acerca del amor de Jesús, pero no les importa la justicia en Sudáfrica». Philip Yancey, en su libro *El Jesús que nunca conocí*, cuenta la historia de una prostituta en Chicago que no podía comprar comida para su hija de dos años. Cuando una amiga le preguntó si ella había pensado alguna vez en ir a una iglesia a pedir ayuda, ella espetó: «¡La iglesia! ¿Por qué habría de ir allí? Ya me siento terrible acerca de mí misma. ¡Ellos sólo me harían sentir peor!».

A pesar de los fracasos obvios y frecuentemente reportados por parte de los cristianos para mostrar el evangelio, cada día millones de personas son los receptores de actos aleatorios de bondad y servicio sacrificado proporcionado por cristianos que aman a Dios y viven el evangelio al mostrar el amor de manera práctica. Puedo constatar el espíritu de servicio en Anne y Wayne Gordon, quienes luego de graduarse de la universidad se alejaron de la comodidad de los suburbios para mudarse al barrio de Lawndale en Chicago, uno de los más pobres de la nación, para fundar la Iglesia de la Comunidad Lawndale, un maravilloso ejemplo de ministerio urbano. Millones de discípulos de Jesús están presentes como «sal y luz» en todo el mundo, exactamente como dijo el Señor que estarían. Sus actos de amor son un testimonio persuasivo para la gente que se pregunta si Jesús es real.

Más cerca de casa, mi propio interés por servir a otros fue moldeado al observar a mis padres darse a sí mismos en actitud sacrificada y tras bambalinas en las iglesias que sirvieron. Mis dos padres son comunicadores extremadamente talentosos, pero su verdadera elocuencia se reflejaba en un servicio cotidiano y desinteresado a mi hermano minusválido, quien necesitaba constante cuidado y atención. Esto validaba la predicación de mi padre y la enseñanza de mi madre, e hizo que el evangelio fuera tangible y real para mí cuando tenía la edad de un niño influenciable.

OBSERVARÁN TU COMUNIDAD PREOCUPADA

En *Sabbatical Journey* [Viaje sabático], leemos acerca del retiro de un año de Henri Nouwen de su vida de comunidad intensa en L'Arche Daybreak. Nouwen, quien añoró comunión e intimidad durante toda su vida, finalmente la encontró en la comunión con las personas física e intelectualmente disminuidas. Irónicamente, teniendo todo un año para hacer lo que le placiera,

Nouwen planeó pasar un año fuera la comunidad para concentrar sus energías en orar y escribir, actividades que requieren una tranquilidad difícil de lograr en un lugar como L'Arche.

En lo que resultó ser el año final de su vida, Nouwen descubrió que se sentía irresistiblemente atraído a las relaciones personales y a la gente. Su agenda sabática era un remolino de visitas, viajes y compromisos como conferenciante. Nouwen se moría de ganas por pasar tiempo con otras personas de una forma tan ansiosa que, aunque podría haber disfrutado de tranquilidad en cuartos privados de hotel, a menudo disponía las cosas para pasar tiempo en casa de sus amigos. En vez de ir en su auto solo, Nouwen normalmente iba acompañado de alguien o tomaba el autobús. Su vida cotidiana estaba conectada a la gente y tenía su raíz en las relaciones personales cercanas que él había nutrido durante su vida. Sue Mosteller, su estimada amiga y editora, escribió lo siguiente:

Luego de nueve años en L'Arche, la comunidad lo envió con la consigna de decir «no» a toda actividad excepto escribir. Soslayamos, sin embargo, su necesidad y don para la amistad y lo que sería su respuesta apropiada a ello. Su libro hace el recuento de una «odisea» de amistad; se requiere de la estatura de un «Ulises» para hacer el fatigoso viaje y escribir cinco libros en el camino. Henri se encuentra, celebra, consuela, aconseja y se interconecta con más de *mil personas, y en amistad él menciona a más de seiscientas personas por nombre.*

Al reflexionar en la diferencia entre sus planes para un año de tranquilidad y la realidad de una de las temporadas más ocupadas de su vida, Nouwen explica la diferencia de la siguiente forma: «Dios debe permanecer siendo el Dios de las sorpresas». Pero también se dio cuenta de que la comunidad ahora jugaba un papel central en su vida. «La comunidad es mucho más que vivir y trabajar juntos. Es un vínculo del corazón que no tiene limitaciones físicas. Es verdad que se trata de velas ardiendo en diferentes lugares del mundo, todas orando la misma oración silenciosa de amistad y amor». Las notas en su diario un día después de

Navidad reflejan la intensidad de su pasión por la amistad y la comunidad: «Esta tarde escribí muchas tarjetas postales. Al hacerlo, experimenté un profundo amor por todos los amigos a los que les escribí. Mi corazón se llenó de gratitud y afecto, y deseé poder abrazar a cada uno de mis amigos y hacerles saber cuánto significan para mí y cuánto los extraño. ¡Parece que a veces la distancia crea cercanía, la ausencia crea presencia y la soledad crea comunidad! Sentí en todo mi ser, cuerpo, alma y espíritu, un anhelo de dar y recibir amor sin condición, sin temor, sin reserva».

Esta vida en amorosa comunidad todavía se anhela en la sociedad moderna y cuando es visible no pasa desapercibida. Hoy día, la gente será atraída al evangelio cuando vean lo que los paganos vieron en la primera reunión de creyentes después de la ascensión. Se amaban unos a los otros, se honraban unos a otros, se estimaban unos a otros, unos y otros tenían la misma mente, se soportaban unos a otros, eran amables y compasivos unos con otros, se sometían unos a los otros, se amonestaban unos a otros, abundaban en amor unos con otros, se consolaban unos a otros, se edificaban unos a otros, se confesaban las faltas unos a otros, no guardaban resentimientos unos con otros, se mostraban compasión unos a otros, eran hospitalarios unos con otros, se saludaban unos a otros con un beso, se ministraban unos a otros, y mucho más.

G. K. Chesterton dijo una vez: «Cuando el ideal cristiano se ha intentado, no se ha quedado corto. Se ha encontrado difícil y no se ha intentado». Vivir el evangelio de manera consistente en la vida real es difícil, y ninguno de nosotros es perfecto. Pero es mejor aspirar a vivir el evangelio y fracasar, experimentando y danto testimonio de la maravillosa gracia y perdón de Dios en el proceso, que quedarse en la mediocridad. Cuando un individuo vive el evangelio, con todo y sus imperfecciones, eso deja huella. Mira el impacto de un muy público personaje, y cristiano imperfecto por confesión propia, que lleva por nombre Billy Graham.

Luego de un reportaje acerca de Billy Graham en la revista *U.S. News and World Report*, una carta al editor ilustró la importancia de un discípulo que vive el evangelio. Keith Beutler escribió lo siguiente: «Mucha gente no estará de acuerdo con la fe del Reverendo Billy Graham, ¿pero quién puede argumentar algo en contra de su vida? Es una especie de testamento por derecho propio. Quienquiera que haya sido un personaje tan central en la sociedad del final del siglo veinte, y que sin embargo haya mantenido su integridad, merece ser escuchado».

Amén y amén. Vive el evangelio, ¡y eso dará como resultado comunicar el mensaje de Jesús de una manera efectiva al mundo!

Capítulo 12

Ve

L

LA PELÍCULA «EL SEXTO SENTI-
do» fue un inesperado éxito de
taquilla al acumular más de 250
millones de dólares en ingresos.
Mucho de este éxito se debió a la
segunda visita que la gente tenía
que hacer al cine para entender
por qué no pudieron darse cuenta
de algo obvio la primera vez que
la vieron. El fin inesperado de la
película es exitoso porque la mayor parte de la gente fundamenta
su punto de vista de la realidad en
su capacidad de ver, mientras que
esta película requiere que te con-
centres en lo que no se ve pero

que claramente está ahí. De una forma similar, he llegado a percatarme de que Dios está obrando en todo mi entorno, pero a menudo no puedo ver esto.

COMO EL CIEGO

Ayer me percaté de algo de lo que nunca me di cuenta en una popular historia bíblica. ¡Detesto que eso ocurra! En mi Biblia, la historia en Lucas 18:35 se titula «Un mendigo ciego recibe su vista». Probablemente conozcas la historia.

Jesús está acercándose a Jericó y pasa al lado de un hombre ciego que se sienta a mendigar a un lado del camino. Cuando el mendigo se entera de que Jesús está cerca, grita: «Jesús, Hijo de David, ten misericordia de mí». Irritada por los gritos del ciego, la multitud, severamente, le ordena callarse. Él persiste en su clamor por misericordia. Finalmente, Jesús se detiene y pregunta qué puede hacer por el ciego. «Maestro, deja que vea otra vez» fue su sencilla respuesta (Marcos 10:51). Jesús le dijo: «Puedes irte ... tu fe te ha sanado» (Marcos 10:52). De inmediato, el ciego recibió la vista y siguió a Jesús, glorificando a Dios.

Aquí viene la parte que nunca antes vi. Esta no es una historia solo de un ciego. ¡Es la historia de una multitud ciega! ¿Recuerdas a la enojada multitud que trató de callar al ciego? Luego de que el ciego es sanado, leemos lo siguiente: «...todos los que lo vieron daban alabanza a Dios» (Lucas 18:43). Nunca noté la frase que dice «todos los que lo vieron». En un exquisito giro literario hay un recordatorio para nosotros de que no es sólo el ciego el que no puede ver: ¡la multitud también está ciega! Hasta que la vista del ciego es restaurada, la multitud no había sido capaz de ver a Jesús con claridad. Al igual que la multitud, ¡estamos en la presencia de Jesús todos los días pero a menudo no ponemos atención y no nos damos cuenta de ello!

CON LA ATENCIÓN EN LAS COSAS EQUIVOCADAS

Recuerdo una de mis excursiones para observar aves con nuestra hija Heidi, que en ese entonces tenía como once años de edad. Nos levantamos a las seis de la mañana y nos dirigimos al bosque cerca de nuestra casa. A las 6:15 AM ya estábamos observando petirrojos, cardenales, jilgueros y chorlitos, pero yo estaba listo para salir de la carretera, alejarme de la pradera y dirigirme hacia el bosque en dirección al río. Me gusta seguir los angostos rastros dejados por los ciervos. A eso yo le llamo vivir una aventura. Mis hijos lo llaman estar perdido. Debido a recientes tormentas, ese día también podías haberlo llamado el día de quedar, de verdad, de verdad, enlodado. Heidi se había vestido con unos pantalones *kaki* de verdad bonitos. Debido a que el rastro intermitentemente se sumergía en el agua o era una mezcla salpicada de lodo, sus kakis eran ahora de un adorable color lodo café. Le advertí a Heidi que se arremangara sus pantalones, pero ella estaba muy ocupada alejándose los mosquitos y agarrándose de ramas para evitar ser succionada bajo el agua en los charcos siempre profundos. Se trataba de una situación seria. En momentos como este, un hombre oye una voz en su cabeza. Se trata de la voz de una mujer. Es la voz de su esposa. No se trata de una voz feliz. Escucha en el tono de su voz que vas a morir cuando regreses a casa.

Justo en ese momento escuchamos lo que parecía un helicóptero a no más de un metro (tres pies) por encima de nuestras cabezas. Era una enorme lechuza común que despegaba de una rama justo arriba de nosotros y desplegaba sus alas en su totalidad para alcanzar el otro lado del río. Al concentrar nuestra atención en el lodoso sendero, soslayamos por completo a la lechuza que se encontraba literalmente delante de nuestros ojos en una rama que formaba un arco sobre el camino. Y no sólo eso, tampoco habíamos visto el río ¡que estaba a solo metro y medio (cinco pies) al oeste del sendero! Precisamente de la manera en la que no somos capaces de ver cosas en el mundo físico, a menudo estamos ciegos espiritualmente. Todos los días, Dios obra en nuestro entorno y no nos damos cuenta porque nos estamos concentrando en las cosas equivocadas.

DIOS ESTÁ OBRANDO

En *Mi experiencia con Dios*, la serie de estudios bíblicos de Henry Blackaby y Claude King, el principio fundamental es que

Dios siempre está obrando en tu entorno. Pero aquí hay un problema. Dios obra en nuestro entorno pero no nos damos cuenta de ello porque no estamos buscando saberlo. Blackaby cuenta acerca del deseo de su iglesia de ministrar a los estudiantes de un campus universitario cercano. Un domingo reunió a los estudiantes en las instalaciones de la iglesia y los desafío a mantener sus ojos abiertos para percatarse de la obra de Dios en el campus, de forma que pudieran unirse con sus esfuerzos a lo que él estaba haciendo. Les leyó Juan 6:44, «Nadie puede venir a mí [Jesús] si no lo atrae el Padre que me envió», y les explicó que nadie busca a Dios a menos que Dios ya esté obrando en su vida. Les dijo también lo siguiente: «Cuando veas a alguien preguntando por Dios o preguntando acerca de cuestiones espirituales, estás viendo obrar a Dios».

El miércoles siguiente, Kathy, una de las estudiantes, reportó su encuentro con otra estudiante con la que había tomado clases durante dos años. Esa estudiante quería hablar algo y, en lugar de asistir a su clase siguiente, ella y Kathy se fueron a conversar a la cafetería. Tres estudios bíblicos se iniciaron en el dormitorio de las estudiantes y dos en el dormitorio de los varones, como resultado de esta conversación. Sin embargo, todo esto se inició porque Katy estuvo atenta a las «posibilidades de Dios» y decidió hablar con esa estudiante en lugar de asistir a clase.

UNA CITA DIVINA

Al igual que ciegos, creo que dejamos de asistir a estas citas divinas casi a diario. Me ocurrió a mí mismo durante una época en la que mi esposa, Kathy, y yo estábamos en un grupo celular estudiando *Mi Experiencia con Dios*.

Yo era el líder de un grupo en un viaje a Israel. La mamá de mi esposa, Pat, estaba tan emocionada de que Kathy haría ese viaje que decidió unirse al grupo e invitar a su otra hija, Tricia, y a mi cuñado Bob también. Por supuesto, esta situación propició oportunidades para bromear respecto a la relación yerno-suegra. Algunas personas estaban comenzando a sentirse asustados acerca de viajar por causa de algunos incidentes aislados de violencia en

Israel. Les dije: «Mi suegra va a viajar en el autobús conmigo. Esto hará más peligroso estar dentro del autobús que afuera». La gente rió y Pat gruñó. ¡Qué buena vida!

Unas semanas antes de nuestra partida, Kathy me comentó sobre una conversación que sostuvo con Bob en la que él le dijo que sentía que este viaje sería una experiencia espiritual para él. En ese tiempo ni Bob ni Tricia se reunían con la iglesia y, de hecho, solo se habían reunido esporádicamente desde que se habían casado diez años atrás. Conciente de nuestro deber, reportamos esto a nuestro grupo de estudio de *Mi Experiencia con Dios* y pedimos oración por ello.

La noche de nuestra partida a Israel, estábamos sentados en el aeropuerto La Guardia, en New Cork, en espera de nuestro vuelo. Bob y yo habíamos estado conversando tonterías (mi especialidad) cuando, de la nada, él hizo una pregunta. «Dick, sé que alguna vez fuiste parte del personal a cargo de una iglesia. ¿Puedes bautizar?».

Pensando que esto era una solicitud de información sin intención alguna y luego de decirle que técnicamente sí podía, hábilmente desvié la conversación para platicar de tonterías otra vez. Podría escribir un episodio de los Veggie Tales. Válgame el cielo: *¡mi vida es un episodio de los Veggie Tales!*

Unos cuantos minutos después, Bob me comentó lo siguiente: «Sé que vamos a detenernos en el Río Jordán y que van a dar oportunidad para que la gente en el tour se bautice allí».

Nuevamente, le dije lo interesante que me parecía eso y continué diciendo bobadas acerca de cualquier cosa. Finalmente, sin embargo, me di cuenta de que algo estaba ocurriendo ahí. Lentamente me volví hacia Bob y le pregunté: «¿Estás pensando en bautizarte en el Río Jordán?».

Bob sonrío y me dijo: «Bueno, pues sí, estaba pensando en eso».

Luego me quedé hecho un lío. «¿Querías saber si yo podría ser quien te bautizara?».

Una mirada de alivio se plasmó en su rostro y me dijo: «¡Estaba pensando que eso sería realmente genial!».

Me quedé sin palabras. Aquí estaba Dios respondiendo nuestras oraciones por Bob y yo, un estudiante avanzado de *Mi experiencia con Dios*, acababa de pasar desapercibido el punto número uno: ¡Dios siempre está obrando en tu entorno! Una semana después, bauticé a Bob y a Tricia en el Río Jordán. De verdad, *¡qué buena vida!*

La gente a nuestro alrededor está en un viaje espiritual. Son como hombres ciegos tratando de encontrar su camino. Algunas veces su agonía es tan grande que parece que están clamando por misericordia. Dios está obrando en sus vidas y dirigiéndoles a nuestro camino. Sin embargo, estamos tan concentrados en el lodo que no nos damos cuenta de la gente que está en nuestro sendero. Como dice el viejo poema: «Dos hombres miraron desde atrás de las rejas de la cárcel, uno vio barro, el otro estrellas».

¿Cuál es la moraleja de nuestra historia? Mantén tus ojos abiertos a lo que Dios está haciendo en tu entorno.

CAPÍTULO 13

■ SIENTE

SOY HOMBRE. ESTO SIGNIFICA QUE, por definición, no tengo ni idea acerca de los sentimientos.

Soy norteamericano. Esto significa que he podido presenciar ríos de lágrimas y emociones en los programas de discusión por televisión (talk shows), en donde modernos sacerdotes, como Jerry Springer, Montel Williams y Oprah Winfrey provocan, perdonan y condenan alternativamente a personas que parecen normales hasta que escuchas sus locas revelaciones en el tiempo confesional matutino por televisión.

Soy cristiano. Esto significa que vi a Jim y Tammy Bakker irse en picada en medio de llamas. Vi cómo Jimmy Swaggart lloró sin control al confesar sus malas acciones. He oído acerca de las frenéticas danzas de los domadores de serpientes en el Sur de los Estados Unidos de Norteamérica y de la gente que ladra como perro y que ruge como león en una iglesia de Toronto cerca del aeropuerto. Todo esto llevado a cabo en el nombre de Jesús.

Un hombre dedicado, norteamericano, cristiano y despistado, ¿qué tiene que ver con los sentimientos?

Ya que Jesús fue un hombre y estoy determinado a seguir sus pasos, me parece razonable aprender de él. Hasta una lectura superficial de los evangelios revela que Jesús experimentó emociones, llanto, y las canalizó a través de la compasión hacia otras personas. Evidentemente, los sentimientos tienen su lugar apropiado en la vida cristiana.

JESÚS EXPERIMENTÓ SENTIMIENTOS

Jesús, el Mesías, es descrito por Isaías como «varón de dolores, hecho para el sufrimiento» (Isaías 53:3). Permitió que su dolor formara lágrimas que corrieron por sus mejillas. Jesús lloró por Jerusalén cuando se dio cuenta de la dureza que la gente experimentaría por no ver la «visitación de Dios» (Lucas 19:41). En la tumba de Lázaro, estuvo turbado en su espíritu y profundamente conmovido (Juan 11:35). Experimentó el trauma emocional universalmente asociado con un símbolo del sufrimiento: la cruz. En la cruz, experimentó la *soledad* de ser abandonado, soportó la *vergüenza*, y fue sostenido por causa del gozo puesto delante de él (Hebreos 12:2).

JESÚS SINTIÓ COMPASIÓN

El dolor de Jesús le guió al desorden del dolor de la gente. Cuando crecientes multitudes de aldeanos sucios, sudorosos, enfermos, despreciados y olvidados se agolpaban para conocerle, Jesús «tuvo compasión de ellos» porque estos hombres y mujeres desaliñados, confundidos y marginados eran acosados y estaban indefensos como ovejas que no tienen pastor (Mateo 9:36).

Cuando la multitud hambrienta quiso comer (Mateo 15:32), cuando el cojo caminó con dificultad hacia él para que lo sanara (Mateo 20:32), en cada uno de estos casos Jesús actuó, no solo por verificar su calidad de Mesías, sino porque sintió una compasión profunda que lo movió a actuar.

¿Qué atrajo a la gente a Jesús y les persuadió a negarse a sí mismos y seguirle? ¿Fueron sus enseñanzas llenas de autoridad o sus milagros y sanidades? ¿Fue la compasión y preocupación de Jesús? ¿Fue una combinación de todo eso?

Como mencioné en un capítulo anterior, Aristóteles, en su libro clásico sobre retórica, dijo que los sentimientos son un elemento esencial en la persuasión. Además de un argumento lógico (*logos*), respaldado por la integridad personal (*ethos*), Aristóteles creía que el comunicador efectivo debería expresar sentimientos auténticos (*pathos*). De aquí la frase «Jamás estarán preocupados en lo que sabes hasta que sepan cuánto estás preocupado tú por ellos», que se origina en uno de los más grandes retóricos de la historia y que fue validada en la vida de Jesús. La enseñanza de Jesús fue convincente porque sus palabras estaban autentificadas por su vida. Demostró amor y compasión.

CRISTIANOS INDIFERENTES

Cuando un homosexual de nombre Matthew Shepherd fue asesinado a golpes en Wyoming, su familia y amigos asistieron a su funeral. Desafortunadamente, Fred Phelps y algunos otros también estaban allí, llevando carteles que decían cosas como «Dios odia a los homosexuales». Afirmaron que estaban allí en el nombre de Jesús. Eso me hizo sentir náuseas. Es evidente que gente como Phelps no representa a Jesús, porque el amor y la compasión definen una auténtica representación de Jesús.

Parece fácil discernir que a Fred Phelps le falta compasión pero, ¿es posible que ante los ojos de Dios a nosotros también nos falte compasión de una forma sutil pero igualmente inaceptable? Al tratar de alcanzar el Sueño Americano, ¿hemos volteado nuestro rostro hacia el pobre? En nuestro disgusto con la mentalidad del «a mí no me culpes de eso», ¿nos hemos vuelto sordos al clamor por ayuda detrás de las excusas? En nuestra lucha en contra de la cultura, ¿nuestras convicciones a favor de la vida nos han vuelto indiferentes a la mujer que elige practicarse un aborto? ¿Estamos entretenidos más que heridos y conmovidos por el desfile de personas desechas en los programas de discusión por televisión cada día? ¿Nos unimos con nuestros vecinos a hablar chismes y burlas acerca de la familia extraña del final de la calle? ¿Nos desanima el borracho pobremente vestido y apestoso de la banca del parque? ¿Somos capaces de ver noticias acerca de Bosnia o Ruanda sin sentir nada?

EL MUNDO NECESITA COMPASIÓN

La semana pasada escuché a un integrante de la Generación X hablarme de su decisión de hallar formas creativas para alcanzar a su generación con el evangelio. Todo comenzó con un error muy serio que cometió dos años atrás. ¿Cuál fue su error? Él dijo: «Hace dos años oré para ver a mi generación a través de los ojos de Dios, y he estado llorando desde entonces».

En los Estados Unidos de América, aunque se trata de un pueblo rico, se sufre de efectos dolorosos y acumulativos por quebrantar la ley de Dios. Estamos nadando en un océano de relaciones personales rotas, violencia, abuso y comportamiento adictivo de toda clase. Mientras que la generación anterior se siente hecha a un lado, la generación más joven canta su sufrimiento al igual que el proverbial canario en su jaula.

Recuerdo la reacción que hubo por el suicidio de Kart Cobain. La noche siguiente a su muerte, miles de sus iguales se reunieron espontáneamente para una vigilia con velas encendidas en la Fuente Internacional en Seattle. Quedé impactado por lo que parecía un desbordamiento sincero de emoción, así que abrí las líneas telefónicas de mi programa de radio para ver qué respuesta provocaba en nuestra audiencia. En verdad, yo no sabía qué esperar. Soy un hombre maduro que conduce un programa conocido por hacer que la gente piense, así que transformarnos en catarsis de sentimientos no era nuestro llamado diario. Sorprendentemente, las llamadas comenzaron a fluir: «Es algo muy triste». «Sus canciones se conectaban con mis sentimientos». «Nadie me ha conmovido de forma tan profunda». «Siento como si hubiera perdido a mi mejor amigo».

Recuerdo la primera vez que Tom Beaudoin, autor de *Virtual Faith* [Fe Virtual], me contó que el sufrimiento es un tema dominante para sus contemporáneos. Lo miré como si acabara de caer desde otro planeta. ¿Cómo es que alguien que maneja un BMW, bebe café *Starbucks*, viste ropa Hilfiger o Abercrombie, portador de teléfono celular y consentido puede salir con que se describe a sí mismo como una generación sufriente? Tom me dijo que su generación sufre de sentimientos de abandono y desilusión. Son materialmente ricos pero espiritualmente pobres.

Donna Gaines describe lo mismo en *Teenage Wasteland* [El Yermo Adolescente], su libro acerca de la angustia suicida de los muchachos del acomodado condado de Bergen. Luego de entrevistarla leí sus comentarios acerca de la muerte de Corbain en un artículo de la revistas *Rolling Stone* de 1994.

Muchos chicos se sienten atrapados en un círculo de futilidad y desesperación. Los adultos han abandonado a toda una generación al fracasar en proveerles o protegerlos o prepararlos para la vida independiente. Sin embargo, cuando los jóvenes comienzan a reflejar los síntomas de negligencia exhibidos en sus índices de suicidio, homicidio, abuso de sustancias, fracaso escolar, imprudencia y desgracia general, los adultos los condenan como un grupo de fracasados apáticos, ignorantes y carentes de moral.

Patricia Hersch, autora de *A Tribe Apart* [Una tribu aparte] concuerda con ella y dice que el adolescente de hoy día escucha a Marilyn Manson y a los grupos góticos «como resultado de sentirse aislados y espiritualmente solitarios».

Hace poco tiempo me quedé varado en un hotel entre un par de reuniones y decidí ver qué había en la televisión. Montel Williams estaba conduciendo un programa acerca de niñas adolescentes que trataban de relacionarse con sus madres. Allí estaban sentadas a un lado de las madres desconcertadas con quienes ellas querían ser reunidas. Una niña de trece años habló acerca de cómo se sentía al observar a su madre gravitar de una relación abusiva a otra. «Esos tipos le gritan, despotrican y golpean a mi mamá, y ella sigue regresando por más. Mientras tanto, ella no tiene tiempo para mí». Otra niña contó acerca de mudarse de vivir con un pariente a otro, porque el problema de abuso de sustancias de su madre hacía que vivir con ella fuera imposible. Durante seis meses seguidos, la madre vivió en un estado lejano y ni siquiera llamó por teléfono a su hija porque «no tenía dinero suficiente». Cuando Montel sugirió a la madre que se mudara más cerca de donde vive su hija, pareció que esta elemental idea jamás se le había ocurrido. La hija lloró al describir cómo se quedaba despierta de noche tratando de imaginarse una relación normal de madre e hija.

Quedé hecho pedazos al pensar acerca de los miles de vidas quebrantadas de personas alrededor mío quienes, en las palabras de Steve Green, «necesitan al Señor».

EL DOLOR DE LA GENTE PUEDE SER UN SENDERO A DIOS

Mucha gente se acercará al Señor a través del portal de su dolor y no a través de un argumento racional establecido con cuidado. Pienso en el incidente que sucedió hace más de veinte años. Era el año de 1975 en Nueva Inglaterra y una enorme tormenta estaba en curso. Siendo yo generalmente de mente defectuosa, habiendo migrado desde California y, por lo tanto, no entendiendo en realidad la frase «alerta de viaje», estaba dirigiéndome lentamente a través de una tormenta de arena, con nula visibilidad, desde Massachussets hacia New Hampshire. Estaba programado que impartiera una conferencia en un retiro familiar para un grupo regional de iglesias denominacionales.

Los habitantes de Nueva Inglaterra, no siendo californianos y, más bien, de ágil mente y bien entendidos del concepto de severas alertas de viaje de nula visibilidad, no poseen en ellos ninguna inclinación genética o condicionada a arriesgar la vida al viajar durante una tormenta de nieve bajo ninguna circunstancia. Habiendo dicho esto, realmente ellos no iban a arriesgarse a escuchar a un joven californiano recientemente graduado del seminario para hablar de ningún tema, y menos del tema de la familia, del cual a su edad sabría muy poco. Casi para el final del viernes por la noche, la combinación de la tempestad y del sentido común dieron como resultado de una insignificante asistencia total de quince personas en el espacioso y nevado refugio.

Decepcionado por la asistencia, pero apropiadamente formal, me lancé a lo que iba a ser una exposición inteligente y reinterpretación de la siguiente frase, desgastada por el tiempo y teológicamente sospechosa: «la paternidad de Dios y la hermandad del hombre». Elegí este tema porque se me había advertido con anticipación que era posible que hubiese algunas personas mundanas, así que, aunque el tema era la familia, querían que el evangelismo diera inicio al fin de semana.

Mientras comenzaba a desarrollar la idea de Dios como Padre, noté que una atractiva mujer rubia en sus treintas comenzó a llorar. Muy pronto su provisión de pañuelos desechables comenzó a reducirse y mi ya diminuta audiencia estaba por reducirse en uno. *¿Qué es lo que le afecta?* Me pregunté, en toda mi gloriosa cerrazón masculina. No se me ocurrió que una pagana desdichada había luchado a través de la tormenta para conocer a Jesús esa noche, pero luego supe que esto era precisamente lo que había ocurrido. Resultó que el padre de Sarah había fallecido dos semanas atrás. Su relación había sido altamente conflictiva. Al yo hablar de Dios el Padre, se desató una inundación de recuerdos de las esperanzas truncas y decepciones recurrentes que experimentó con su padre terrenal. También surgieron más que unas cuantas preguntas sin respuesta al respecto del carácter de Dios como Padre. Después del retiro, durante las siguientes semanas, Sarah literalmente «sintió» cómo fue conducida al reino de Dios al expulsar su dolor terrenal, guiándole al arrepentimiento y hacia los brazos de su Padre-Dios.

SIETE OBSTÁCULOS A LA COMPASIÓN ESPONTÁNEA

Cuando funciona apropiadamente, nuestro corazón debe bombear de manera espontánea la compasión de Dios a cada encuentro humano cotidiano. Pero entonces, ¿por qué la compasión es tan rara incluso entre la gente que afirma ser seguidor de Jesús?

1. Nunca experimentamos nuestro propio dolor

Algunas personas no pueden ser compasivas porque jamás se han permitido experimentar y entender su propio dolor. Esto es lo que le ocurrió a un amigo mío, cuya primera cita con un consejero terminó con las siguientes palabras del consejero: «Lo que veo es a un hombre con una mente activa y con un corazón vacío». Desde la niñez, mi amigo gastó inmensas cantidades de energía mental evitando las emociones con las que no quería tratar. Su bloqueo emocional acerca de sí mismo lo inhabilitó para establecer empatía con quienes sufrían.

2. Amamos por obligación.

Debido a que Jesús nos ordenó amarnos unos a los otros, algunos cristianos se preocupan por otras personas sólo para cumplir su obligación para con Dios. Aunque teóricamente uno puede obedecer el mandamiento de amor de Jesús sin «sentir» nada por la otra persona, este tipo de amor obligatorio no es lo que observamos en Jesús. La compasión de Jesús no nació del mero deber. Jesús sintió al igual que la gente. Jesús lloró.

3. Somos ciegos al dolor de la gente.

La compasión requiere que veamos el dolor en otros. Hace mucho, me lastimé durante un juego de básquetbol universitario. El codo de un jugador oponente hizo colisión con mi cara y abrió la piel debajo de mi ojo. Como la hemorragia no cesó, mi entrenador me envió a la sala de emergencias para una sutura nocturna. El preocupado enfermero de la sala de emergencias entró y preguntó qué dedo me había roto, ignorando completamente la sangre que brotaba debajo de mi ojo. Alguien le había dicho que tenía roto el dedo así que eso fue lo que buscó, pero aún hasta la observación casual podría haberle revelado mi condición real. A menudo, también nosotros soslayamos las necesidades más profundas de la gente.

4. Estamos absortos con nosotros mismos.

Dado que la compasión requiere de una atención observadora hacia otras personas, esto no es posible para el que está absorto consigo mismo. Y dado que la mayoría de nosotros hoy día está tan absorta en sí misma, no somos capaces de sentir compasión hacia otros. Hasta hemos inventado una frase cínica para excusar esta condición. Los sicólogos le llaman «concedernos permiso nosotros mismos» a concentrarnos en nosotros mismos y «establecer límites». Recuerdo una broma de mi amigo Marty acerca de una persona insufrible que habla sin parar acerca de sí misma. Luego de llevar a su interlocutor hasta el punto de la distracción debido a su total concentración en sí mismo, le dice: «Bueno, ya fue suficiente escucharme a mí, ¿qué es lo que *tú* piensas acerca de mí?».

5. Comparamos nuestro sufrimiento.

En ocasiones estamos ajenos al sufrimiento de otros porque el nuestro es demasiado grande. Disminuimos el dolor de otras personas al compararlo con el nuestro. Esto me ocurrió cuando mi hermano nació con daño cerebral. Su parálisis cerebral hizo que los problemas de otras personas, incluyendo los míos, parecieran poco importantes en comparación. Inconscientemente dejé de preocuparme por cualquier sufrimiento que no pudiera compararse o exceder al de Timmy.

6. Objetivizamos el sufrimiento.

La compasión le puede dejar el paso a la apatía aparente cuando nos abruma el inmenso sufrimiento del mundo. Los expertos se refieren a esto como la «fatiga de compasión». Al ser saturados de reportes de las hambrunas o de los estragos de la guerra, nos escudamos de nuestros sentimientos al cuantificar estadísticamente el dolor o al decidir que estos reportes periodísticos son para informarnos y no para movernos a actuar.

7. Insertamos la culpa.

La compasión puede ser desplazada por la crítica. Los fariseos codificaron la falta de compasión al constituirse ellos mismos en el papel de juez más que en portadores de misericordia para la gente alejada de Dios. Esto mismo puede ocurrir hoy día en el disfraz de una santidad definida como la separación de un mundo contaminado o por medio de una guerra cultural definida como una cruzada ideológica y legislativa a favor de una moral apropiada y de la responsabilidad personal.

Tres maneras de restaurar tu compasión

Entonces, ¿cómo pueden los cristianos vencer los obstáculos a la compasión y recuperar el espíritu de compasión ejemplificado por Jesús?

1. Reconoce la compasión de Dios para ti.

Ovidio dijo lo siguiente: «Si quieres ser amado, conviértete en alguien a quien se pueda amar». Gracias al cielo esta no es la base sobre la cual Cristo nos amó. Cristo nos amó, ¡mientras éramos aún pecadores! Luego de ser bendecidos con la anchura de la misericordia de Dios, no exhibir esta misma misericordia hacia otros es la altura de la ingratitud. Por esto es que, cuando los escribas se quejaron acerca de que Jesús comía con publicanos y pecadores, él les dijo: «Vayan y aprendan lo que significa: "Misericordia quiero y no sacrificio"» (Mateo 9:13). El amor de Dios fluyó hacia nosotros para que pueda fluir a través de nosotros.

2. Canaliza tu dolor.

Siente tu dolor y canalízalo en compasión por otros. Sólo quienes han experimentado el sufrimiento son capaces de expresar *compasión*. De hecho, la palabra compasión tiene sus raíces etiológicas en las palabras del latín y del griego que significan «sufrimiento». Los mismos elementos lingüísticos aparecen en palabras como *simpatía* o empatía. La persona compasiva es aquella que ha experimentado el dolor y ha aprendido a través de su propio dolor a reconocer y responder cuando ve que otra persona sufre. Piensa en el peor dolor que has experimentado en tu vida: un divorcio, la muerte de alguien que amaste, el nacimiento de un niño discapacitado, un fracaso total al tratar de lograr el sueño de toda una vida. Estos son tus fuentes personales de compasión si lo permites. Y este es el lado suave que nosotros, los discípulos de Jesús, podemos traer al mundo.

3. Permite que la compasión te sane.

Mientras continúes alimentando, mimando y adorando tu propio dolor, no puedes ir más allá para servir a otros. La persona compasiva es aquella que ha experimentado el dolor y luego ha convertido su propia experiencia en una habilidad para sufrir con otros. Cuando experimentas el sufrimiento y te trasladas fuera de ti mismo para sentir y responder al dolor en otra persona, liberas un poco de tu propio dolor.

Hay una antigua parábola hindú acerca de un maestro que se cansó de las quejas constantes de su aprendiz y lo envió por un cuenco de agua, en el que vertió un puñado de sal y luego le pidió al aprendiz que tomara un trago. El aprendiz escupió inmediatamente el agua salada. El maestro, entonces, lanzó un puñado de sal en el lago y le pidió al aprendiz que bebiera del lago. Cuando el aprendiz observó que esta agua era dulce al paladar, el maestro convirtió esto en un momento para la enseñanza. El dolor de la vida es la sal pura. La cantidad de sal que pruebas depende del recipiente en el que pones el dolor. Cuando estás sufriendo lo único que puedes hacer es agrandar tu percepción de las cosas. Deja de ser el cuenco. Conviértete en el lago.

Este es el arte detrás de Jesús al instarnos a perder nuestra vida para ganarla, a dar nuestra vida por nuestros amigos. Es en estos actos que van en contra de la intuición natural que agrandamos nuestro «recipiente», y nuestro dolor, misteriosamente, se hace menos amargo. Este ciclo expansivo de absorción de dolor se extiende eternamente hasta Dios. Como dijo el apóstol Pablo: «Alabado sea el Dios y Padre de nuestro Señor Jesucristo, Padre misericordioso y Dios de toda consolación, quien nos consuela en todas nuestras tribulaciones para que con el mismo consuelo que de Dios hemos recibido, también nosotros podamos consolar a todos los que sufren» (2 Corintios 1:3-4).

Un diccionario define compasión como «la profunda conciencia del sufrimiento de otra persona, aunada al deseo de aliviarlo». Conmovidos profundamente por la compasión de Dios por nosotros, nuestra profunda conciencia del sufrimiento de otro puede ser unido al deseo de aliviarlo. Las reservas del amor de Dios nos habilitarán para hacer justamente eso.

CAPÍTULO 14

■ PIENSA

SOY UN HOMBRE DE EDAD MADURA
y de inteligencia ordinaria que gusta de los libros, las ideas y los con-
ceptos. Vivo en una cultura que a
menudo los devalúa, prefiriendo
conferir dignidad en el entretenimiento y en el comercio. He tra-
bajado más de una década en el
área de la comunicación, una in-
dustria que generalmente y a re-
gañadientes acepta despliegues
de inteligencia al aire sólo si son
serviles al humor o moderados por
ganancias inverosímiles. ¡El ge-
rente de una estación de radio
hasta expresó preocupación de

que yo estuviera transmitiendo un programa *demasiado inteligente* para la radio cristiana!

Hace más de treinta años, Harry Blamires, hizo sonar la alarma acerca del deterioro de la mente cristiana en su libro *The Christian Mind* [La mente cristiana], al decir: «La secularización mental de los cristianos significa que, hoy día, nos reunimos solamente como seres adoradores y como seres morales, no como seres pensantes». Su advertencia fue actualizada por el Embajador Charles Malik, quien mencionó lo siguiente en una conferencia en el Wheaton College, en 1980: «Tengo que ser franco con ustedes; el peligro más grande que acecha al cristianismo evangélico norteamericano es el peligro del anti-intelectualismo. La mente, respecto a sus más grandes y profundos alcances, no está siendo cuidada lo suficiente».

Luego, en los años noventa, el Dr. Mark Noll, en su libro *The Scandal of the Evangelical Mind* [El Escándalo de la Mente Evangélica], tocó un clarín de órdenes a favor de un cristianismo más pensante, concluyendo que el escándalo de la mente evangélica es que existe muy poca de ella.

Estos comentarios podrían ser hechos a un lado con el griterío de un grupo élite de estirados si no fuera por el hecho de que Jesús nos ordenó amar al Señor nuestro Dios con toda nuestra mente. No es suficiente amar a Dios con todo nuestro corazón, dejando la parte de la «mente» para que lo cumplan las personas inteligentes. Amar a Dios con nuestra mente no es una elección opcional, o sólo para la gente que escucha música clásica y usa chaquetas de cheviot con parches de piel en los codos, o para quienes les queda tiempo luego de ver encuentros de béisbol o el programa de Oprah. El abandono de la mente hoy día es desobediencia a Dios. En su libro *Fit Bodies, Fit Minds* [Cuerpos Adecuados, Mentes Adecuadas], Os Guinness concluye lo siguiente: «El anti-intelectualismo es realmente rehusarse a amar al Señor nuestro Dios con nuestras mentes, tal como lo requiere el primero de los mandamientos de Jesús».

Te advierto que, en lo que generalmente es una cultura anti-intelectual y una subcultura cristiana, que tu compromiso con pensar te convertirá en una persona en contra de la cultura. ¿Por qué razón el testimonio de la presencia de Dios en el ámbito de nuestras mentes es tan importante?

SOMOS CREADOS A LA IMAGEN DE DIOS

Nuestras mentes reflejan nuestro estatus como la única especie creada a la imagen de Dios. La habilidad humana para poseer, desarrollar y expresar nuestros pensamientos en un lenguaje complejo nos diferencia de los animales y es evidencia de nuestro singular lugar en el orden creado por Dios.

SE NOS ORDENA AMAR A DIOS CON NUESTRAS MENTES

Se nos ordenó amar al Señor nuestro Dios con nuestro cuerpo, corazón y mente porque cada uno es importante para Dios. Esta visión holística del potencial humano era muy conocida para los contemporáneos judíos, romanos y griegos de Jesús. De hecho, los juegos olímpicos griegos celebraban el *arete*, una palabra cuyo significado es el entrenamiento de una persona completo y bien balanceado para desarrollar el cuerpo, la mente y el espíritu. Los griegos no podían reverenciar ni a un atleta ignorante ni a un académico sedentario.

LAS IDEAS TIENEN CONSECUENCIAS

Las teorías políticas y económicas de Karl Marx llevaron a la ruina a millones de vidas en el siglo veinte. La teoría evolucionista de Charles Darwin ha dominado el siglo veinte de formas abiertas y sutiles.

Mientras cada generación enfrenta la arremetida de ideas nuevas, los cristianos en esa generación necesitan poseer mentes con discernimiento para defender y hacer avanzar la fe. El apóstol Pablo dice que no nos debemos conformar a las ideas del mundo, sino ser transformados por medio de la renovación de nuestras mentes (Romanos 12:2).

Esta mente con discernimiento nos permite sopesar la esencia y las implicaciones de los pensamientos y las ideas que tienen aceptación contemporánea.

LA GENTE NECESITA OÍR UNA FE RAZONABLE

Hoy día comunicamos y defendemos el evangelio en una época dominada por el naturalismo científico, por el relativismo moral e intelectual, y por el pluralismo teológico. Un enfoque meditado en cada uno de ellos es esencial si es que deseas influenciar a los que están en búsqueda y que son intelectualmente curiosos, o inclusive para ser buen padre de tus hijos. Hace treinta años, Francis Schaeffer, en su libro *The God Who Is There* [El Dios que está ahí], observó lo que ocurre cuando esta obra no se lleva a cabo: «Me percato de que, en cualquier parte donde voy, el cristianismo histórico está viendo alejarse a los hijos de los cristianos… Se están alejando porque sus padres no son capaces de entender a sus hijos y, por lo tanto, no pueden ayudarles en su tiempo de necesidad… Hemos dejado desnuda a la siguiente generación frente al pensamiento del siglo veinte que les rodea».

ALGUNAS PERSONAS CREERÁN POR SUS MENTES

Mencionamos ya que Aristóteles demostró la importancia tanto de la emoción (*pathos*) y la razón (*logos*) en la persuasión. Mientras que ciertas personas espiritualmente inquietas transitan hacia el reino de Dios por medio de sus *sentimientos*, otros transitan hacia él por medio de su *mente*. Frederica Mathewes-Green cuenta una maravillosa historia acerca de los Genovese y su encuentro con Dios en un artículo de la *National Review*, en 1997. Eugene Genovese había disfrutado de una brillante carrera como historiador y su esposa, Elizabeth, también una académica, ayudó a iniciar el movimiento feminista. Juntos fundaron la revista *Marxist Perspectives* [Perspectivas Marxistas], lo que fue una de las muchas razones por las que fueron conocidos como «la pareja real de la academia radical». Sin embargo, su curiosidad y honestidad intelectuales les llevaron por un camino inesperado. Eugene relata la historia de la siguiente forma:

> En el *Southern Front* [Frente Sur] hablé como ateísta; un crítico dijo que yo protesté mucho. Cuando el libro salió de la imprenta y tuve que releerlo, comencé a luchar filosóficamente con el problema, y perdí.

Mientras tanto, Betsey estaba pasando por su propio proceso, y un día anunció que se había convertido. Ahora bien, ella y yo hablamos mucho de religión, pero no lo habíamos hecho durante seis meses. Así que lo estábamos haciendo por separado.

En el plano filosófico decidí que ser un ateísta involucraba un salto de fe semejante al que debe dar el teísta. Muy en mi interior yo sabía eso; sólo se trataba de mi salto de fe preferido. Pero yo estaba inquieto por esta cuestión desde mi época universitaria, cuando leí *Los Hermanos Karamazov* y me topé con la pregunta de Iván: «Si no hay Dios, ¿no está todo permitido?».

Hay límites en cuanto a lo que debemos hacer para convencer y persuadir a otros a través del puro intelecto. Recordé esto luego de que falleció Carl Sagan. Muchos cristianos, entre ellos varios científicos destacados, le comunicaron el evangelio a Carl Sagan. Luego de su muerte, su viuda quiso confirmar a todos que Sagan no se convirtió en su lecho de muerte y que se mantuvo firme en su agnosticismo hasta sus últimos momentos. En una carta de Kathy Smith al editor de la edición de *Newsweek* posterior a su fallecimiento, comentó acerca de esto:

No me pareció sorprendente leer acerca de la frustrante batalla intelectual de Carl Sagan acerca de la existencia de Dios. En una cultura como la nuestra, la cual deifica el intelecto y celebra sólo aquello que puede someterse al estudio empírico, hay muchos que batallan intelectualmente con la idea de un poder mayor a nosotros, como si pudiéramos comprobar que Dios existe y que podemos hacerlo bajar a nuestro nivel de comprensión. Con todo y lo maravillosos que son nuestros cerebros, creo que hay cosas mayores y mejores que el intelecto humano. Yo, por mi parte, estoy complacida de maravillarme de los milagros, de reducirme a las lágrimas debido a la gloria inesperada, y sacudida por el poder de Dios.

A. W. Tozer señaló correctamente que no debemos «convencer» a la gente para atraerlos al reino porque todo lo que se necesitará para cambiar su opinión es a alguien más inteligente que nosotros para que lo «convenza de nuevo» para salir del reino. No trató de disminuir la importancia de establecer una apologética satisfactoria que apele al intelecto de la gente, sino más bien identificar la importancia del Espíritu Santo al tratar con la voluntad de la gente. Muy a menudo, las personas extremadamente inteligentes rechazan a Dios, no porque no hayan escuchado un argumento razonable y convincente a favor del evangelio, sino porque seguir a Jesús requiere que entreguen el dominio de su vida a Dios.

UN PROGRAMA DE EJERCICIO PARA LA MENTE

Para ser efectivos en el mundo, los discípulos de Jesús deberán amar a Dios con sus mentes. Nuestro objetivo será la demostración de nuestro amor por Dios a través de comprometer a nuestra mente en un riguroso programa de ejercicios mentales que nos conduzcan al conocimiento bíblico y cultural.

¿Y a qué se parece un programa de ejercicios como ese?

Sugiero que comiences identificando, enfrentando y resolviendo tus propios temores ideológicos. ¿Hay cosas en las películas, música, televisión o en las conversaciones de café que te turben debido a que crees que representan una seria amenaza a tu sistema de creencias? Identifica esas cuestiones y busca respuestas por medio de la lectura de la Biblia y de libros y otros medios impresos que traten con ese asunto. Amplía tu zona intelectual de seguridad al considerar una perspectiva teológica más amplia de manera que puedas defender o corregir la tuya propia. Discute tus preguntas con alguien que sea considerado y que esté más adelantado que tú en el camino espiritual. Ora. Piensa. Y, luego de evaluar meticulosamente la cuestión, llega a conclusiones que satisfagan tu intelecto.

Aplica tu fe en la vida cotidiana. Lee periódicos y otros medios impresos y pregúntate cómo es que el ser cristiano influencia o debería influir tu manera de pensar en el tema o cuestión. Lee tu

Biblia con regularidad, lentamente, y pregúntate cómo se relaciona ésta a la vida y a los puntos de vista que tuviste que enfrentar ayer o esperas enfrentar mañana. Lee más allá de lo que tienes acostumbrado. Lee obras de ficción contemporánea como una forma de medir en dónde se encuentran hoy día las personas que están en búsqueda espiritual y qué preguntas están haciendo. Pregúntate cómo es que el evangelio aborda las preocupaciones de los novelistas.

Cuando vayas al cine, escuches música o leas un libro, hazte algunas preguntas básicas acerca de la teología y punto de vista que contienen. ¿Qué enseña o implica acerca de la identidad de Dios? ¿Quiénes son los seres humanos y cuál es nuestro propósito? ¿Cuál es nuestro más grande problema humano? ¿Cuál es la solución a nuestro problema? ¿Qué depara el futuro para los seres humanos? Luego pregúntate cómo es que el punto de vista que has identificado se compara o se contrasta con un punto de vista cristiano.

Si no estás de acuerdo con lo que tu pastor o maestro dice en la iglesia o en un estudio bíblico, revisa tu propia postura, asegúrate de que puedes defenderla y luego, ¡confróntales con cortesía y pídeles que defiendan su posición! A veces he pedido que los radioescuchas me telefoneen anónimamente y me digan qué es lo que se supone que deberían creer pero que en realidad no creen. Cada vez que he hecho esto, he sido inundado con llamadas de cristianos que escuchan pasivamente los sermones o enseñanzas con las que en realidad están en desacuerdo, pero nunca exponen sus objeciones o discuten la cuestión para llegar a una conclusión razonable. Únete a un club de lectura o a uno de los grupos de discusión que se forman en las bibliotecas locales. Escucha, piensa, expresa tus puntos de vista. Siéntete cómodo con el toma y daca. Vuelve a la escuela a estudiar o habla con tus hijos acerca de lo que están estudiando en la escuela. Hazte maestro voluntario de una clase de adolescentes y haz que expongan sus verdaderas inquietudes. Esto te llevará a pensar y a orar. Toma un curso de educación continua en algún seminario o universidad cristiana y amplía tu comprensión de tu propia fe.

Sé alguien que aprende durante toda su vida. Ama a Dios con tu mente, y prepárate para dar razón de la esperanza que vive en ti (1 Pedro 3:15).

CAPÍTULO 15

■ PERSONALIZA TU MENSAJE

LAS PALABRAS PRECISAS, EXPRESA-das con claridad, traspasarán el alma de quien te escucha con la precisión de un rayo láser. Comunicar el evangelio de forma más efectiva no requiere de más palabras sino de escuchar mejor, y luego seleccionar las palabras más adecuadas. No aceptaríamos a un cirujano cuyo bisturí no cortara en el lugar preciso, así como no deberíamos aceptar el manejo descuidado de las palabras de vida.

Jesús nunca presentó el evangelio de forma idéntica dos veces.

Su aplicación del evangelio siempre estuvo personalizada al individuo con quien habló. Por esta razón es por la que pudo llevar de forma tan rápida a cada persona a un momento de decisión. Personalizar el evangelio requiere que entiendas la forma en la que viven y piensan otras personas y las preguntas que les surgen por sus problemas. Esto significa que tú debes participar en sus vidas.

Debido a que el evangelio es multidimensional y a que las situaciones de cada persona son únicas, si tú quieres ser efectivo necesitas calibrar la presentación del evangelio con respecto a las necesidades de cada individuo. Piensa en una nave espacial de la NASA que está acoplándose a la estación espacial a miles de millas allá en el espacio. Acoplar las dos naves requiere de un engranaje preciso y finamente armonizado entre las dos naves. Esto mismo ocurre cuando hemos personalizado el evangelio para hacerlo coincidir con los puntos de receptividad. Esta personalización no siempre dará como resultado su decisión de abrazar el evangelio, pero sí incrementará la probabilidad de que tomará una decisión definitiva a favor o en contra de él.

PERSONALIZA TU MENSAJE

Cuando Charles Kraft era un misionero recientemente llegado a África, aprendió que si ganas al jefe ganas a la aldea, así que estaba emocionado por tener una audiencia con el jefe. En este primer encuentro, Kraft preguntó: «Jefe, ¿qué me diría si le cuento que Jesús, a quien yo sirvo, fue levantado de entre los muertos?».

«Eso no es gran cosa; mi primo Bruno resucitó de entre los muertos», respondió el jefe.

Kraft quedó asombrado por la respuesta del jefe. Luego de investigar, Kraft descubrió que si alguien se recobraba después de haber sido golpeado y dejado inconsciente, se consideraba que había sobrevivido a la muerte. Obviamente, Kraft ya no podía utilizar el hecho de la Resurrección como un punto de entrada para presentar el evangelio a la gente de la aldea. Este era un momento muy difícil para Kraft. ¡Le estaba dando solución a un problema que el jefe no creía tener!

Afortunadamente, Kraft hizo algo que demostró mucha sensibilidad. Le hizo una pregunta a continuación: «Jefe, si ser levantado de la muerte no es una buena noticia, ¿qué cosa sí lo es?».

El jefe respondió: «Si existiera alguien con poder sobre los espíritus malos, eso realmente constituiría una buena noticia».

Kraft le dijo: «Jefe, ¿qué tal si le digo que este Jesús quien fue levantado de entre los muertos tiene poder sobre todos los espíritus malos del mundo?».

El jefe respondió: «Eso sí sería realmente una buena noticia».

Esta historia ilustra la importancia de personalizar nuestra presentación de la verdad a nuestro interlocutor. Esto no quiere decir cambiar o eliminar las creencias clave de nuestra fe. Desde luego que Kraft se aferró a la centralidad e historicidad de la Resurrección. Sin embargo, Kraft entendió que era más efectivo luego de descubrir la necesidad del jefe. Entonces pudo demostrar la relevancia del evangelio para esa necesidad. El jefe no se impresionó con el concepto de la Resurrección hasta que ésta fue relacionada a lo que constituía su verdadera preocupación: el mundo espiritual. Una vez identificada esa preocupación, Kraft halló el medio más efectivo para demostrar la relevancia de Jesús en la vida del jefe. Esta personalización del evangelio provocó una «correspondencia a la medida» de su necesidad.

Las tiendas como Nordstrom desarrollan un perfil para cada uno de sus clientes de forma que sepan qué tipo de artículo será de su interés. Como sabe todo aquel que compra en Amazon.com, una vez que haces una compra, comienzas a recibir información acerca de libros sobre el mismo tema. En las tiendas de video Blockbuster, al rentar una película hay a menudo un anaquel abajo que dice: «Si te gustó esta película, entonces debes ver esta otra».

Al escuchar a tus amigos, podrás desarrollar un perfil informal acerca de quiénes son y qué cosas les preocupan. Esas preocupaciones personales son las puertas de acceso que puedes usar para introducir conversaciones sobre la relevancia de Jesús en la vida de tus amigos. Permíteme ilustrar esto con la historia de mi amigo Julian.

Un regalo para Julian

En el verano de 1979, su servidor se encontraba entrando a un elevado penthouse que contaba con una dramática y arrolladora vista de la Bahía de San Francisco. Asistí allí al cumpleaños de mi amigo Julian, un compañero de trabajo que es homosexual. También estaban invitados sesenta hombres homosexuales y cuatro mujeres heterosexuales. Julian me saludó amablemente, besándome en ambas mejillas. Luego de aspirar profundamente, me aventuré en una escena que le dio un significado totalmente nuevo a la frase «el océano de la humanidad». Sé que ni siquiera necesito decirte que para algunos de mis amigos demasiado cristianos, el simple hecho de asistir a esta fiesta hacía que ellos me consideraran demasiado mundano.

Vestí pantalones blancos esa noche, lo cual es un detalle que recuerdo solamente porque descubrí demasiado tarde que ese era el color de moda en las boutiques del distrito Castro que siempre exhiben el último grito de la moda. Como alguien cumpliendo su misión, yo era, sin querer y de manera accidental, todo un *hit*. Como lo he hecho santísimas veces antes cuando traspaso los límites culturales, me hice una pregunta con la que ya estoy familiarizado: «¿Alguien puede decirme qué estoy haciendo aquí?».

De hecho, yo sabía qué estaba haciendo ahí, luego de orar con algunos amigos unas horas antes para que esto tuviera un buen fin. Siempre he pensado que las actividades semejantes a la fiesta de Julian son situaciones tipo «fiesta de bodas de Caná». Recordarás que Jesús llevó a cabo su primer milagro en esa fiesta del primer siglo, repleta de paganos. Convirtió el agua común en vino de calidad, impactando dramáticamente con el reino a los asistentes a la fiesta. Sin embargo, lo más significativo fue la forma en la que Jesús transformó una actividad ordinaria en una oportunidad extraordinaria para centrar la atención en el reino de Dios.

Antes de la fiesta traté de pensar cómo dar ahí testimonio de Jesús. En el caso de la fiesta de Julian, todo debía iniciar con la elección del regalo correcto. Lo vi como una oportunidad de personalizar el evangelio y motivar una conversación que condujera a una respuesta. ¿Qué tipo de regalo se le obsequia a un judío, homosexual y millonario agnóstico que posee todo, excepto aquello que realmente quiere y necesita, esto es, una relación personal con el Dios viviente?

Yo sabía que Julian tenía conflictos acerca de su condición judía. Su estilo de vida homosexual le había traído una gran cantidad de sufrimiento personal, físico, relacional y emocional. También sabía que le encantaba el arte y la lectura.

Mi tarea era encontrar un libro que entretejiera una mezcla de motivos judíos, sufrimiento, arte y que, de paso, ¡incluyera a Jesús en la combinación! Asombrosamente, un libro así acababa de ser publicado recientemente. Después de que leí *The Chosen* [El Elegido] y *The Promise* [La Promesa], Chaim Potok se convirtió en uno de mis autores preferidos. La mayoría de sus libros incluye a un personaje central que lucha con las restricciones de la vida en el judaísmo fundamentalista de la comunidad jasídica. Leer estos libros me ha dado una nueva perspectiva a través de la cual ver mi propia experiencia con el legalismo cristiano.

Para la fecha de la fiesta de Julian, Potok acababa de publicar *My Name Is Asher Lev* [Mi Nombre es Asher Lev]. Cuenta la historia de un joven jasídico que, a pesar de ser un artista talentoso, no se le permite dibujar debido a las restricciones de hacer imágenes grabadas. Finalmente, forzado a elegir entre su don artístico, su familia y la tradición de su fe, el joven abandona su hogar y se convierte, con el paso del tiempo, en un artista consumado. El libro tiene su clímax cuando su padre visita una galería en Nueva York para contemplar la obra máxima del logro de su hijo: una pintura acerca de un hijo sufriente. El padre queda impactado de ver que el tema que su hijo escogió para comunicar el sufrimiento más grande conocido por el hombre: se trataba de una pintura de la crucifixión de Jesús.

Le obsequié el libro a Julian cuando salí de la fiesta ese viernes ya muy tarde. El lunes siguiente, Julian me preguntó si podíamos conversar. Había leído el libro durante el fin de semana y estaba profundamente conmovido por la forma de identificar su propia vida como un hombre judío y homosexual experimentado en el sufrimiento. Me hubiera encantado decirles que Julian decidió seguir a Jesús. Pero no lo hizo. Sin embargo, la selección del libro fue personalizada de tal manera que se identificó en cada punto con la situación de Julián y, por ello, me abrió las puertas para mostrarle la relevancia del evangelio en su vida.

APRENDE A ESCUCHAR

Saber cómo personalizar la presentación del evangelio requiere de una observación cuidadosa y de la habilidad más elemental de comunicación: saber escuchar. En una editorial de la revista *Prism* [Prisma], Dwight Ozard escribió que hemos perdido nuestra habilidad para escuchar: «Queremos alcanzar a la gente sin escucharla, sin el trabajo duro de aguzar el oído respecto a lo que yace más allá del interminable alboroto y de la grosera urgencia que es su lenguaje, sin ser tocados por sus temores y sin entender las raíces de sus rebeliones y cinismos. Es más probable que nos sintamos escandalizados a que se nos rompa el corazón por causa de su falta de raíces y autodestrucción, cegados por sus promiscuidades a las hambrunas que están más allá de ellos. Todo esto mientras nos preguntamos por qué no escuchan. O, como Jesús habría dicho: Que todos los que tienen oído para oír, cierren la boca y escuchen».

Al pensar en tus amigos o al cruzar límites culturales para hacer nuevos, déjame asegurarte lo siguiente: Tu forma de comunicar el evangelio mejorará cuando participes en la vida de tu interlocutor, le escuches con atención y luego personalices tu presentación del evangelio para cubrir sus necesidades.

CAPÍTULO 16

APRENDE EL ARTE DE ESCUCHAR EN DOS VÍAS

PERSONALIZAR CON EFECTIVIDAD nuestro mensaje requiere que el discípulo de Jesús sea alguien que activamente escucha doblemente. Si no estás escuchando o no puedes entender lo que alguien que está en una búsqueda espiritual trata de articular, ¿cómo puedes personalizar el mensaje para que él o ella puedan oírlo? Cualquiera que haya viajado al extranjero sabe lo frustrante que resulta no hablar o entender el idioma local. Un discípulo de Jesús debería sentir la misma frustración si él o ella sólo hablan un idioma. Ya que somos ciudadanos de dos reinos, un discípulo debe entender y hablar tanto el idioma de la fe como el idioma de la cultura.

John Stott se refiere a esta práctica como «escuchar en dos vías». En su libro, *Contemporary Christian* [Cristiano Contemporáneo] define el concepto de escuchar en dos vías como la capacidad de oír tanto la Palabra de Dios como las necesidades del mundo. Stott dice que «aquellos que no son capaces de escuchar bien no constituyen tampoco buenos discípulos». Escuchar en dos vías te permite entender, vivir y defender tu fe en un mundo de ideas y valores que son ajenos y en ocasiones hostiles a tu fe. Como pastor de *All Souls Church* en Londres, Stott ayudó a su congregación a cultivar estas habilidades al convocar a un grupo de observadores de películas. El grupo veía la película, se reunía en una taberna y se involucraba en una lucha con el mensaje de la película en el contexto del evangelio. Muy adelantado a su tiempo, Stott organizó círculos de lectura formados por laicos que se reunían para discutir las ideas transmitidas en los *bestsellers*, siempre con la vista puesta en la forma de vivir y comunicar la fe en el contexto de esas influencias ideológicas.

APRENDE A HACER EXÉGESIS

Nuestro hijo Joshua se cansó tanto de mi anhelo de ayudarle a entender el significado de las películas que, a la edad de diez años, un día se quejó amargamente: «¿Por qué siempre tenemos que hablar acerca del significado de la película? ¿No podemos simplemente disfrutarla y ya?». La respuesta fue «¡No!».

Hoy día, a mucha gente le gustaría simplemente disfrutar el componente del entretenimiento en nuestra cultura sin ocuparse en analizarlo. Sin embargo, actuar así es peligroso e irresponsable. El apóstol Pablo nos amonesta a llevar «cautivo todo pensamiento para que se someta a Cristo» (2 Corintios 10:5), lo cual requiere que estemos atentos a las filosofías que transmiten. Esto nunca ha sido más importante porque por medio del entretenimiento popular se transmiten puntos de vista e ideas subyacentes. Si uno no escucha con cuidado y atención las dos vías de comunicación, los puntos de vista hostiles al evangelio pueden entrar a nuestras mentes y nuestras vidas como enemigos ideológicos ocultos en un caballo de Troya. Escuchar en dos vías requiere aprender la habilidad de hacer exégesis. Hacer exégesis significa: «percibir con rapidez, explicar, analizar críticamente o interpretar una palabra o un pasaje literario». Cuando te ocupas en escuchar en dos vías, querrás analizar y evaluar tanto el mensaje cultural como el mensaje del evangelio para luego compararlos y contrastarlos.

SÉ BILINGÜE

Además de escuchar interpretativamente, querrás también ser «bilingüe». Con esto quiero decir que necesitas ser capaz de hablar del evangelio en el lenguaje que entienda aquel que está en búsqueda espiritual. Un misionero en un país y medio en el extranjero jamás intentaría comunicar el evangelio sin antes obtener un conocimiento rudimentario de la cultura y el idioma local. Nosotros tampoco deberíamos intentar influir a la gente de nuestro país sin entender su subcultura, vocabulario y costumbres. La tienda Madison Avenue gasta millones de dólares en identificar la frase o imagen visual precisa para conectarse con su audiencia objetivo. Nos estamos enfrentando al desafío todavía más desalentador de traducir el lenguaje del evangelio del primer siglo al oído contemporáneo.

AUMENTA TUS CONOCIMIENTOS BÍBLICOS

Tanto escuchar en dos vías como la comunicación bilingüe requiere de conocimiento bíblico. Desafortunadamente, los resultados de todas las investigaciones demuestran que somos una sociedad que adquiere Biblias que sólo lee ocasionalmente.

En un artículo de la revista *Christianity Today* [Cristianismo Hoy] de 1997, John Stackhouse relata una historia que ilustra la falta de conocimiento bíblico aún entre las personas más educadas académicamente.

«¿Quién es el "Apóstol Pablo" al que te refieres?»
Estaba sentado, callado y atónito a treinta y cinco mil pies de altura, conversando con la persona sentada a mi

lado en un vuelo de Chicago a Minneapolis. Era una ejecutiva de nivel medio de camino a su nuevo empleo y me había platicado un poco acerca de su vida. Entre otras cosas, me enteró de que se había graduado tanto del Dartmouth College como de la escuela de negocios de la Universidad de Chicago, una institución reconocida a nivel internacional.

Ella, a su vez, me preguntó sobre mi trabajo y yo bromeé respecto a que algunos de mis estudiantes de primer año no eran capaces de identificar el orden cronológico correcto de Jesús y el apóstol Pablo. «¿Quién es el "Apóstol Pablo" al que te refieres?», me preguntó con total sinceridad y completamente inconsciente de que hacer una pregunta así debería resultar embarazoso para una norteamericana con un buen nivel de estudios.

Resulta entretenido escuchar que los niños se confundan al referir historias básicas de la Biblia, pero ¿qué debemos hacer respecto a miembros adultos de iglesias que, al ser cuestionados, creen que Noé se casó con Juana de Arco o que no pueden decir el nombre de cada uno de los cuatro evangelios? George Barna reporta que el 80% de los adultos a los que realizó una encuesta dijeron que la cita bíblica más famosa es «Ayúdate que yo te ayudaré, dice Dios». En realidad este es un pensamiento de Thomas Jefferson.

¿POR DÓNDE COMIENZO?

Escuchar en dos vías, la exégesis, ser bilingüe, conocimiento bíblico. Es posible que digas: «¡Esto suena a demasiado trabajo! Hacer lo que dices requerirá que yo aprenda muchísimo más acerca de la cultura o de la Biblia, ¡o de ambas!».

Pienso que esto es todo un desafío, pero debemos enfrentarlo o nuestra fe correrá el riesgo de ser barrida bajo la ola de ideas extrañas que se apresuran a impactar nuestras vidas cada día. Ocúpate en escuchar a dos vías y ser bilingüe, o abandona toda posibilidad de articular la comunicación de una fe viva y relevante a tu círculo de influencia. Dado que tu corazón es movido con la clase de compasión que Jesús demostró por aquellos que están en una búsqueda espiritual, dado que has experimentado realmente la comunión con el Dios vivo, y dado que te has comprometido a seguir a Jesús, confío en que querrás hacer lo necesario para comunicar el evangelio a quienes te rodean.

Entonces, ¿por dónde comienzas? Tal vez debes comenzar por donde comenzó John Stott. Reúne a un grupo para leer los libros de mayor venta y discútelos con ellos, o vayan juntos a ver una película y conversen acerca de las instancias en donde las películas se intersecan con cuestiones de fe. Inicia un grupo pequeño para discutir los temas acerca de la fe que planean las revistas populares. Lean el artículo, busquen en la Escritura el enfoque bíblico sobre el tema y luego prepárense para compartir sus descubrimientos y preguntas con el grupo. Estas y otras actividades semejantes te ayudarán a ti y a tus compañeros cristianos a aprender el arte de escuchar en dos vías y les capacitarán para discutir estas mismas cuestiones de forma inteligente con sus amigos.

El escuchar en dos vías es de una importancia especial para la siguiente generación que, como lo dice Tom Beaudoin en *Virtual Faith* [Fe Virtual], nació «en el líquido amniótico de la cultura popular». Como lo señalé antes, la «Generación Siguiente» está muy desconectada de la religión organizada. Dado su decreciente interés en la religión organizada y su creciente interés en las cuestiones espirituales, ¿en dónde obtendrán respuestas a sus preguntas teológicas? En la cultura popular. Si quieres comunicar el evangelio a la gente joven, un conocimiento claro de su música, sus películas y los libros que leen es algo necesario, no una alternativa.

CAPÍTULO 17

ESCUCHA LA MÚSICA

DURANTE MIS AÑOS UNIVERSITA-
rios yo era parte del personal de la
iglesia Covenant y durante mis
años en el seminario serví con el
equipo de la iglesia Park Street en
Boston. En ambos ambientes, me
podías encontrar «haciendo exégesis» de la música con mis estudiantes en edad pre-universitaria.
Descubrí que muchos estudiantes
comienzan a percatarse de la relevancia de la Biblia cuanto analizan
sus enseñanzas en el contexto de
las ideas que confrontan cada día
a través de la cultura popular. Por
esa razón, escuchamos «Jesucristo

Superestrella», *Bridge Over Troubled Water* [El Puente Sobre Aguas Turbulentas], *Jesus Is Just Alright* [Jesús Está Bien] o *Spirit in the Sky* [El Espíritu en el Cielo], y luego nos dividíamos en grupos pequeños para encontrar los elementos teológicos en las letras.

Quiero que hagas lo mismo que les pedí a estos estudiantes que hicieran, especialmente si tienes hijos o si estás en un contacto cotidiano con gente involucrada en la cultura de la música popular. Las compañías disqueras producen muchísima basura, pero también existen algunas cosas maravillosas. Escuchar la música requiere un compromiso con escuchar en dos vías. Necesitarás contrastar la música y las letras con los valores de tu fe de una manera vigorosa y vigilante. No puedes permitir que las letras simplemente entren a tu cerebro sin filtrarlas a través del proceso de escuchar en dos vías.

¿QUÉ NECESIDAD SE SATISFACE CON LA MÚSICA?

El hijo de nuestro vecino se suicidó. Tenía apenas veinte años de edad. El día anterior a su muerte, Nathaniel le subió todo el volumen a algunos de los sonidos más viles, más aborrecedores y hostiles que he escuchado en toda mi vida. Aunque no conocíamos al joven pues recién nos habíamos mudado al vecindario, le comenté a mi hijo que alguien que escuchara música así realmente debería estar pasando por un dolor muy fuerte. El día siguiente el muchacho se quitó la vida. Unas cuantas semanas después, el padre del muchacho y yo tuvimos una conversación y le pregunté acerca de la música. «Odiaba esa música —me dijo su padre—, pero claramente comunicaba lo que mi hijo sentía: un dolor profundo, muy profundo».

Al escuchar con cuidado la música popular, comenzarás a entender los temas de los distintos segmentos o subculturas de nuestra sociedad, y también entenderás la condición mental y espiritual de los artistas y de los muchachos que hacen eco a su arte. Siempre que no entiendas la popularidad de un artista, sólo hazte la siguiente pregunta: «¿Qué necesidad de quien lo escucha está siendo satisfecha por este artista?».

La razón por la que tantos muchachos (y adultos, de hecho) escuchan tal cantidad de cosas realmente terribles es porque se identifica con lo que ellos sienten en su interior y se conecta con ellos a un nivel muy profundo. En el año de 1999, la revista *Newsweek*, concluye en un artículo acerca de los adolescentes de hoy día: «Los muchachos están inmersos en un universo fuera del alcance de sus padres, un mundo definido por los juegos de computadora, la televisión y las películas. El 96% de los estudiantes de preparatoria escuchan discos compactos o cintas durante un tiempo promedio de 9.9 horas a la semana». La música es un lugar al que los muchachos se dirigen para definir sus creencias y sentimientos. Me gustaría sugerir que utilicemos la música como una ventana a las preguntas que la gente hace y a sus respectivas respuestas teológicas contemporáneas.

El exegeta de letras de canciones hallará un amplio rango de mensajes en la música de hoy día. Libros como *Understanding Today's Youth Culture* [Cómo entender la cultura juvenil de hoy día], de Walt Mueller, *Learn to Discern* [Aprende a Discernir] de Bob De Moss, la hoja informativa de Enfoque a la Familia *Chart Watch*, o el libro *Truth About Rock* [La verdad acerca del Rock] de Steve Peter, dedican una atención considerable al mal y a los peligros que se esconden en mucha de la música de hoy día. Sexo, suicidio y depresión, drogas y alcohol, odio hacia los padres o hacia cualquiera en posición de autoridad, todos ellos son temas recurrentes en la música popular de hoy día. Una dieta de esto puede ser peligroso para tu salud. Los expertos en cultura juvenil observan los temas populares de la soledad y del deseo de que haya significado e identidad en la vida personal.

Quizá de mayor interés para nuestros propósitos es una breve revisión de algo de la teología que surge de la música contemporánea. Al entender las cuestiones, los temas y la teología de la música, estaremos mejor capacitados para personalizar el evangelio para que se relacione con los problemas específicos de quien escucha esa música. Identificar la teología en la música de hoy día es bastante fácil, dado que la escena musical está dominada por letras que revelan la búsqueda espiritual de esta generación.

Voces proféticas

En la escena musical hay voces proféticas. En 1995, la compañía disquera de Don Henley le pidió que escribiera una «balada animada». Él les respondió: «Bueno, lo siento. No estoy de humor animado» y, a cambio, escribió *The Garden of Allah* [El Jardín de Alá], un análisis increíblemente mordaz de la sociedad durante el clímax del juicio a O. J. Simpson. La canción relata la historia de la visita del diablo a una gran ciudad del oeste (Los Angeles), y se percata de que se ha convertido en alguien obsoleto. La canción se refiere a la locura del relativismo moral y el deterioro general de la sociedad norteamericana de una forma que podría haber salido directamente de la Biblia.

Refiriéndose a Los Angeles como «Gomorra frente al mar», el diablo comenta que «es exactamente como mi hogar». Lamenta el hecho de que hubo un tiempo en el que lo bueno era bueno y lo malo, malo, antes de que todo se volviera «borroso». En relación a la debacle de O. J. Simpson, el diablo dice lo siguiente: «Fue una oscura, oscura noche en el alma colectiva cuando la gente dio la bendición a los crímenes de la pasión». Luego, el diablo cuenta acerca de un testigo experto en el juicio que promete obtener cualquier resultado que se desee, pues «no hay hechos, no hay verdad, solamente información para ser manipulada, no existe lo correcto, no existe lo incorrecto». El testigo dice que duerme bien: «sin vergüenza, sin remordimiento, sin justo castigo; sólo gente vendiendo camisetas, sólo la oportunidad de participar en el circo patético y ganador, ganador, ganador». La canción termina con el diablo deprimido, desapareciendo de la escena y concluyendo que su obra terminó: «ya no hay nada que tenga que reclamar».

La canción *And Justice for All* [Y Justicia para Todos] de Metallica, muestra una nostalgia similar debido a la pérdida de valores en la sociedad.

> Cuando un hombre miente, asesina un poco del mundo
> Son las pálidas muertes que los hombres denominan sus vidas
> Ya no puedo soportar más ser testigo de esto
> No puede el reino de la salvación llevarme a casa.

Tanto Don Henley como Metallica son voceros de la profunda sensación de que las cosas no son como se supone que deben ser. Tales reconocimientos angustiosos dan paso a sobresalientes elementos para iniciar una conversación acerca de la forma en la que son las cosas, por qué son así, la forma en la que se supone que deberían ser, y lo que el evangelio dice que se puede hacer al respecto.

VOCES AGNÓSTICAS

El agnosticismo se refleja en artistas como el maduro James Taylor, que definió a su álbum *Hourglass* [Reloj de Arena] como una colección de «cantos espirituales para los agnósticos».

La letra de la canción *Up from Your Life*, pone de manifiesto una búsqueda espiritual que rechaza las enseñanzas del cristianismo:

Ya es suficiente de tu momento de oración
Dios no está en casa. No hay Dios ahí.
Perdido en las estrellas. Ahí estás.
Abandonado a tu propia suerte.
Sólo puedes tener esperanza de vivir en esta tierra
Aquí está, para lo que te sirva
Ninguna otra cosa te espera
No hay segundo nacimiento, No hay corona de estrellas.
Para alguien que no cree como tú
No hay mucho que ellos puedan hacer.

En sustitución, Taylor abraza el neopaganismo, como lo demuestra la letra de la canción «Gaia»:

Ora por el bosque, ora por el árbol
Ora por el pez en el profundo mar azul
Ora por ti mismo y, por el amor de Dios,
Haz una oración por mí
Un pobre y miserable no creyente.
Alguien tiene que detenernos
Gaia, sálvanos de nosotros mismos.

Sagrado y profano

La música de hoy día refleja una confusa combinación de lo sagrado con lo profano y sensual. Cheryl James, del grupo Salt N' Pepa, habla abiertamente de desplegar su sexualidad sin perder su concentración en la fe cristina de acuerdo a un artículo de la revista *Newsweek* de 1997: «Me puedo ver sexy, pasármela bien, y al mismo tiempo alabar a Dios».

En la exitosa canción *One of Us* [Uno de nosotros], Joan Osborne se pregunta: «¿Y qué tal si Dios fuera uno de nosotros, tan sólo un vago como uno de nosotros, sólo un extraño en el autobús? Tratando de regresar a su hogar». Y luego complementa su mensaje con una canción llamada *Right Hand Man* [El hombre de la mano derecha], de la que dice que cumple en parte con su misión de «reconciliar la antigua separación existente entre mente y cuerpo». En esta canción acerca de una mujer en busca de liberación sexual y espiritual, «ella baila por la calle la mañana siguiente luego de una conquista sexual, con su ropa interior en un tapón de algodón en el fondo de su bolso, hallando la reconciliación en donde la necesita, en su propio vecindario».

La canción *Like a Prayer* [Como una oración], de Madonna, también es una mezcla de lo sagrado y lo sensual. Un concierto de Courtney Love en 1999 en el escenario del Viper Room en Hollywood abrió con cánticos de yoga en hindú. Cuando Love entró en escena, pateó un amplificador, tenía un rosario en una mano y un cigarrillo en la otra, y comenzó a cantar *Paradise City* [Ciudad Paraíso] del grupo Guns n' Roses.

Voces hostiles

Y luego tenemos artistas abiertamente hostiles al cristianismo. Tori Amos dice que su misión es exponer el lado oscuro del cristianismo y con regularidad provoca a los cristianos con sus afirmaciones inverosímiles, tal como lo demuestra en su entrevista con Joe Jackson en *Hot Press*, un periódico irlandés especializado en música:

Siempre he creído que a Jesús le atraía María Magdalena y que, si él fue quien afirmó ser, esto es, un hombre completo, entonces mantuvo relaciones sexuales con ella. Por eso, en mis momentos más íntimos he querido que Cristo sea el novio que he estado esperando. Puede que me haya sentido culpable por pensar en tener relaciones sexuales con Jesús, pero luego digo, ¿y por qué no? *Él fue* un hombre.

Marylin Manson, quien se ha descrito a sí mismo como «el pequeño ayudante de Satanás», lanzó al mercado su álbum *Antichrist Superstar* [Anticristo Superestrella]. En un artículo de la revista *Metal Edge*, en 1996, declaró lo siguiente: «En cada época debe haber por lo menos un individuo valiente que trate de poner fin al cristianismo, en lo cual nadie ha tenido éxito hasta ahora, pero quizás a través de la música finalmente podremos hacerlo».

ANHELO ESPIRITUAL

Existen canciones acerca del anhelo y búsqueda espiritual genuinos, como *Maybe Angels* [Tal vez los ángeles] de Sheryl Crow, quien ofrece un panorama de aquello que la gente está buscando hoy día, al estilo periódico tabloide.

En su canción, Crow habla de tomar la carretera de seis carriles que va Pensacola y en donde conoce a un montón de *holly rollers* [«santos que ruedan», un modo de denominar a cristianos que manifiestan la presencia del Espíritu Santo de diversas y poco comunes expresiones físicas, como rodar en el piso, temblar o emitir diversos tipos de sonidos, n. del t.], los cuales «no saben nada acerca de salvarme». Luego se dirige a Roswell, New Mexico, donde hace sus maletas para esperar a los extraterrestres, que ella cree que vendrán por ella para llevársela. Finalmente, habla acerca de cómo su hermana se comunica con los muertos, gimiendo que «mi hermana dice que conoce a Elvis, que conoce a Jesús, John Lennon y Coblain en persona». Sin embargo, sin estar segura de identificar lo trascendente, vuelve al coro: «Les juro que están ahí afuera, juro que están ahí, tal vez los ángeles».

CRISTIANISMO MALENTENDIDO

A través de la música popular de hoy día, podemos ver reflejada una mala teología que a menudo se combina con un incorrecto entendimiento del cristianismo que con seguridad decepcionará a quien está en una búsqueda espiritual. En un artículo de la revista *Rolling Stone*, de 1998, Paula Cole habla acerca de un «avance espiritual» que le hizo entender que «Dios no existe»: «No me quiero meter en eso. Es demasiado privado. Pero estoy segura hasta mí última célula. Si observas una hoja de hierba, te podrás dar cuenta de que todas las cosas están interrelacionadas… Y mi vida tuvo una razón de ser».

La revista *People* habla de la incursión de Jewel en lo espiritual: «Esta es la temporada, aparentemente, para las lecciones pop sobre metafísica New Age. Pisándole los talones a los nuevos lanzamientos de las recientemente espirituales Madonna y Alanis Morissette, está Jewel Kilcher. Proclama su credo en canciones como *Innocence Maintained* [Inocencia Conservada]: «Todos seremos cristianizados cuando nos escuchemos a nosotros mismos decir "Nosotros somos aquello a lo que dirigimos nuestra oración"».

Sarah McLachlan expresa sus anhelos por una verdadera comunión en canciones como *I Will Remember You* [Te recordaré], pero también refleja una teología confusa. En una entrevista publicada en la revista *Details* en 1998, dice lo siguiente: «Creo que el diablo ha recibido un mal golpe. El diablo es el ángel caído, el que estuvo dispuesto a abrazar su lado oscuro, mientras que todos los demás ángeles se mantuvieron en un estado de negación total. El diablo se parece más a nosotros: todos somos el diablo y todos somos Dios».

Es triste mencionar que muchos de estos artistas conocieron el cristianismo desde muy jóvenes. La abuela de Tori Amos y su padre fueron ministros cristianos; Sheryl Crow era una joven activa en Young Life; Marilyn Manson fue criado en un hogar fundamentalista e incluso fue alumno de escuelas cristianas privadas por algunos años; Joan Osborne dejó la fe católica a la edad de ocho o nueve años.

Desafortunadamente, estos artistas a menudo malentienden o describen mal las enseñanzas cristianas. Tori Amos dijo en una entrevista a la revista *Rolling Stone* en 1998: «El problema con el cristianismo es que ellos creen que todo se trata de fuerzas externas, el bien y el mal. En el cristianismo no se le motiva a la gente a trabajar en su yo interno». Sinead O'Connor, ordenada recientemente como ministro de la Iglesia Católica de la Orden Tridentina, pasó por una fase *rastafari* rechazando al cristianismo porque, como lo dijo en una entrevista a la revista *Time* en 1997: «La gente de la iglesia cristiana enseña que Dios está muerto y que nunca podremos ser como él».

Vociferando en 1999 durante una entrevista a la revista *Rolling Stone*, Marilyn Manson, trató de culpar de la violencia en la preparatoria Columbine al cristianismo porque, «Sin importar si interpretas la Biblia como literatura o como la palabra final del Dios que quieras, el cristianismo nos ha dado la imagen de muerte y la sexualidad en la que hemos basado nuestra cultura. En la mayoría de los hogares y en nuestros cuellos cuelga la imagen del cadáver de un hombre semidesnudo, y eso es algo que hemos dado por descontado durante toda nuestra vida…

»El asesinato suicida más famoso del mundo también fue el nacimiento del ícono de la muerte, la huella digital de la celebridad. Desafortunadamente, con todo y su moralidad inspiradora, en ningún lugar de los evangelios se elogia a la inteligencia como virtud».

En un artículo de la revista *Rolling Stone*, en 1996, Joan Osborne habla sobre su búsqueda espiritual en la India y su creencia de que «la religión organizada te impide el acceso a Dios o a la espiritualidad con toda tu persona, con tu cerebro, tu voluntad, tu curiosidad, tu sensualidad y todo lo demás».

Voluntaria o involuntariamente, en cada uno de estos comentarios se refleja una percepción equivocada del Cristianismo que colorea la opinión del artista y que se perpetúa cuando sus reverentes seguidores, a quienes a menudo les hace falta discernimiento, aceptan los ataques de su héroe como razones por las que ellos también deberían rechazar y despreciar al Cristianismo.

Dada la existencia de esta somera revisión del frenesí teológico que encontramos en la música de hoy día, ¿qué es, entonces, lo que debe hacer un seguidor de Jesús en un mundo como ese?

ENTIENDE LAS PREGUNTAS

En primer lugar, necesitamos entender las preguntas y cuestionamientos manifestados en la música de hoy día y debemos prepararnos para demostrar la forma en la que el evangelio se aplica hoy. El grupo LIVE afirma esto de manera categórica en su canción *Operation Spirit* [Operación Espíritu]:

Ya escuché mucho acerca de este Jesús
Un hombre de amor, un hombre de fortaleza
Pero lo que hizo un hombre hace dos mil años
No significa nada en lo absoluto para mí el día de hoy.
Podría haberme dicho algo acerca de mi elevado superior
Sin embargo, él sólo vive dentro de mi oración
Así que lo que dijo pudo haber sido hermoso
Pero el dolor se siente ahora mismo y en este lugar.

El evangelio, con su posibilidad de tener una experiencia personal con el Dios viviente, por medio de Jesús, quien entiende nuestras penas, está vivo hoy y ofrece hoy amor en una nueva comunidad de amigos. Esto debería ser una buena noticia para una generación solitaria y desgastada por el sufrimiento.

PREPARA UNA RESPUESTA

En segundo lugar, necesitamos conocer los futiles senderos espirituales y malos entendidos acerca del cristianismo, preparándonos para conducir a la gente hacia la verdad.

Muchas de estas perspectivas distorsionadas acerca de nuestra fe probablemente surgieron de la enseñanza que el artista recibió y rechazó a temprana edad en su vida. Es posible que el artista tenga profundas cicatrices emocionales y sicológicas que le fueron ocasionadas en el nombre de Dios y del cristianismo.

Uno de nuestros más grandes retos es liberar a la gente de sus experiencias *religiosas* distorsionadas con el cristianismo, de manera que podamos introducirles a la vitalidad *espiritual* del evangelio.

Los seguidores de Tori necesitan saber que el cristianismo no estimula el trabajar con el «yo interno». Sinead debe saber y estar segura de que creemos en un «Dios que está vivo». Los devotos de Marilyn Manson deberían saber que nuestra fe estimula el ser inteligente, tal como es evidente del llamado de Jesús a amar a Dios y al prójimo con nuestras «mentes». Osborne debería estar complacida de saber que Dios es el creador de todas las cosas y que celebra todo lo que tiene que ver con ella, «el cerebro, la voluntad, la sensualidad y todo lo demás».

Conocer las letras y la teología de la música contemporánea y luego formular respuestas es de particular importancia al tratar con nuestros hijos, quienes inevitablemente están expuestos, directamente o a través de sus iguales, a las ideas y valores expresados en la música popular. Un *legalismo* restrictivo causará que nuestros hijos se rebelen. La *permisividad* es irresponsable y es un acto de ingenuidad, además de que ocasionará que nuestros hijos estén vulnerables a las fuerzas siniestras que obran en las letras. Nuestro sendero es el del *discernimiento* que produce el escuchar en dos vías y el amor genuino por nuestros chicos y por los artistas perdidos a quienes a menudo admiran.

Escucha la música.

MIRA LA PELÍCULA

AISLADO EN LA OSCURIDAD Y EN el silencio (interrumpido por el sonido de las rosetas de maíz tostado de la persona de al lado y que se escuchan demasiado bien), nos sumergimos totalmente durante un par de horas en otro mundo. Estamos absortos en la historia de alguien más, en su lugar y perspectiva. Por el momento no podemos saber qué pasará: estamos inmersos en una comunicación unidireccional. Su mundo se convierte en nuestro mundo. Pero cuando las luces se encienden, nosotros, los discípulos de Jesús, deberíamos ya haber comparado el punto de vista del cineasta con el nuestro. En nuestras reflexiones y conversaciones subsecuentes respetamos la integridad de la visión del cineasta pero la interpretamos dentro del contexto de nuestra visión, utilizándola parabólicamente en nuestra comprensión y comunicación del evangelio.

Cuando pienso en el momento que Jesús tuvo compasión, a menudo pienso en los incidentes durante funciones de cine en donde he sentido, dentro de mi propio espíritu, su misma agonía por causa de la gente maltratada y herida.

Pienso en la ocasión en la que vi la película *Antonia's Line* [La Línea de Antonia], premiada internacionalmente, y que trata de manera explícita el lesbianismo. La sala de cine está localizada en el Capital Hill de la ciudad de Seattle, un sitio popular entre los homosexuales. Sentado ahí en el teatro totalmente lleno y mirando lo que considero una película muy triste, no pude dejar de pensar en el amor de Dios por estas personas y en las barreras culturales que les obstaculizan entrar a la mayoría de las iglesias. Pensé en los ataques casi diarios que los programas cristianos de radio y televisión lanzan en contra de los homosexuales y me pregunté: «¿Quién y cómo alcanzará a esta gente con el mensaje del evangelio?».

Miré la película *Good Will Hunting* [intitulada en español con varios nombres, entre ellos «Mente indomable»] en un cine de la plaza Harvard, lleno de personas de alrededor de veinte años de edad (y yo, ¡de cincuenta!). La película retrata la yuxtaposición del personaje de Matt Damon, un muchacho sin educación que resulta ser un genio matemático, sus amigos obreros de Boston, de vocabulario altisonante, y la comunidad intelectualmente elitista de Harvard y del MIT (Massachusetts Institute of Technology). Una dinámica central de la película es su romance con una mujer de Harvard, interpretada por Minnie Driver, y muestra la forma en la que Damon lucha con los destinos gemelos, y a veces incompatibles, del amor y la profesión. En un momento clave del film, Driver quiere que Damon le confirme su amor y Damon se rehúsa a hacerlo. La hilera de mujeres detrás de mí comenzó a sollozar. No fueron las únicas. En toda la sala era posible escuchar la tristeza de una generación.

Pensé también en lo que dijo Dieter Zander, unas horas antes en ese mismo día. Me habló de los sentimientos de esta generación relacionados al aislamiento y el dolor y de su anhelo por amor y temor al amor. Pensé en la reseña «cristiana» de esta película que había leído y que desalentaba a los cristianos a verla por causa de su lenguaje obsceno. Me pregunté: «¿Quién y cómo alcanzará a esta gente con el mensaje del evangelio?».

Mi amigo Cliff Taulbert escribió el formidable libro *Once Upon a Time When We Were Colored* [Había una vez, cuando todos éramos de color]. Cuando fue llevado a las pantallas quise ir a ver la película. Tristemente, esta joya literaria no fue distribuida ampliamente y en la ciudad de Chicago sólo se exhibió en un área predominantemente afro americana. Le pedí a un amigo blanco, cinéfilo, de convicción política liberal y suburbano que me acompañara a ver la película y él accedió. Se me olvidó decirle en qué lugar se estaba exhibiendo la película. En el momento en el que tomé la salida de la carretera su reacción fue inmediata. «¿Qué haces? ¿Te volviste loco? ¿Sabes en dónde estamos? Sácanos de aquí».

Lo sedé con verborrea calmante, compré los boletos y entramos a una sala de cine bellamente repleta de una audiencia totalmente afro americana. Éramos las únicas personas blancas ahí. Nuestro estatus minoritario hizo de la película algo todavía más conmovedor. La representación de una cultura minoritaria negra en su intento por mantener la dignidad en una plantación sureña propiedad de blancos me conmovió profundamente. Cuando terminó la exhibición de la película, sentí empatía con la audiencia, pero el silencio mientras salíamos de la sala simbolizó las tensas relaciones entre las razas. Me pregunté: «¿Cómo es que Jesús podrá sanar y eliminar esta gran barrera?».

EL PODER DE LAS PELÍCULAS

Las películas tienen una tremenda influencia en nuestra cultura. La revista *Entertainment Weekly* publicó en 1999 que «Los medios de hoy día son el dispositivo más poderoso de creación de mitologías jamás inventado». En 1996, en una entrevista publicada en la revista *TV Guide*, Susan Sarandon afirmó lo siguiente: «Las películas y los programas de televisión tienen muchísima influencia; pueden definir las expectativas de lo que significa ser homber o mujer, de lo que es divertido y de lo que no lo es, de lo que es aceptable y de lo que no».

Tanto en los Estados Unidos de América como en el otros países, las películas producidas en Norteamérica ejercieron una influencia tal que, en 1997, Orville Schell, experto en temas relacionados con China, escribió la siguiente observación en el periódico *The New York Times:* «Además del ejército norteamericano, Hollywood es la fuerza más poderosa del planeta». Una encuesta de la revista *Newsweek*, publicada en 1999, mostró que el 98% de los adolescentes ven televisión o películas cada semana, en un promedio de once horas a la semana. Esta generación ve al mundo a través de los lentes de la cultura popular. Su conversación está sazonada con referencias frecuentes a las películas, la música, un episodio de las series de televisión *Seinfeld o Friends*, o el eslogan de una campaña publicitaria.

Mientras que ese poder podría ser utilizado para el bien, en general la mayoría estaría de acuerdo en que Hollywood se ha inclinado hacia sus ángeles oscuros al seleccionar los temas y cuestiones que trata. En una ocasión, Woody Allen bromeó al respecto: «En Hollywood no tiran la basura: la convierten en series de televisión». El cineasta John Waters, al preguntarle en una entrevista de la NPR (Nacional Public Radio) sobre la guerra cultural, afirmó: «No hay guerra cultural. Hollywood ya ganó, ¡y estamos exportando la basura cultura norteamericana al mundo!». Luego de los trágicos tiroteos en Columbine, Les Moonves, director de CBS, comentó: «Cualquiera que no esté poniendo atención a lo que ocurre y dice que los medios no tienen nada que ver con esto es un idiota». No hay duda respecto a que Hollywood promueve con regularidad valores extraídos directamente del lado oscuro, y el consumo indiscriminado de sus productos puede ser dañino para la salud.

Por esta razón es que tan a menudo las respuestas más visibles a Hollywood provienen de activistas, antagonistas y ultra extremistas que consideran a Hollywood un enemigo ideológico. Donald Wildmon, de la *American Family Association* [Asociación de la Familia Norteamericana], organiza boicots en contra de Disney y otros, la Liga Católica protesta en contra de la película *Dogma* y otras producciones anticatólicas, y Jerry Falwell despotrica en contra de casi cualquier cosa, desde la violencia de *The Matrix* (pasando por alto todos sus ricos temas teológicos) hasta el aspecto homosexual de *Tinky Winky* [personaje de un programa de televisión inglés para niños menores a 5 años, n. del t.].

Aunque en muchos casos estas reacciones con comprensibles, me precocupa que muchos cristianos piensen, y que Hollywood perciba, que sólo somos antagonistas en nuestra relación con ellos. Esto me preocupa por dos razones. Primero, como espectador que escucha en dos vías y que es capaz de discernir, me encantan las películas. Como arte, está diseñado para provocar una reacción, y conmigo tiene éxito a menudo.

Hollywood produce películas escapistas que son basura, antirreligiosas y sin sentido, pero también produce joyas capaces de transportarnos más allá de nuestro mundo, presentándonos personajes cálidos, salvajes, coloridos o perturbadores; transportándonos a lugares exóticos y deslumbrantes; y exponiéndonos a temas capaces de cambiar paradigmas. La habilidad de las películas para ofrecer una interacción con estos amplios mundos nos pueden ayudar a entender a otras personas, distintas culturas, y a nosotros mismos. Al hacerlo, se pueden enriquecer y texturizar nuestra vida y nuestra fe.

En segundo lugar, más que lamentar la inevitable e irreversible influencia de Hollywood, me gustaría aprovecharla para el reino. Hollywood tiene la tradición de formar alianzas estratégicas con los cristianos para lograr sus propósitos. Los productores de *Chariots of Fire* [Carros de Fuego] exhibieron la película con anticipación a pastores y otros líderes religiosos para correr la voz y lograr apoyo para la película, lo que se tradujo en un fuerte ingreso en taquilla y en un premio de la Academia. Dreamworks, la compañía productora de la película animada *Prince of Egypt* [El Príncipe de Egipto], le pidió a Ted Baehr, presidente de la Comisión Cristiana para el Cine y la Televisión, que coordinara la retroalimentación a la película de eruditos en Antiguo y Nuevo Testamento mientras se escribía el libreto. Luego exhibieron la película con anticipación a líderes cristianos.

¿Darle la vuelta al efecto es jugar limpio? ¿No deberían los discípulos de Jesús descubrir las formas de aprovechar a Hollywood para el reino de Dios? Déjame sugerir algunas formas en las que podemos hacer precisamente eso.

UTILIZA LAS PELÍCULAS PARA ENTENDER LA CULTURA

En primer lugar, podemos aprovechar las películas ahora mismo al ocuparla como un lenguaje a través del cual entendamos la cultura y comuniquemos el evangelio. Permíteme explicar esto. Durante el primer siglo, el evangelio se expandió por varias razones. Sin embargo, desde el punto de vista táctico, en los primeros lugares de la lista de razones estuvo la contribución del Imperio Romano de un idioma común y un sistema de caminos, lo que aceleró tanto a los mensajeros del evangelio como al mismo mensaje. El sistema de caminos romano permitió que los apóstoles viajaran a través del mundo de una forma rápida, y el idioma común significó que los apóstoles se podían comunicar a donde sus viajes les llevaran.

Hoy día, las tecnologías como la Web, los satélites, las computadoras y la televisión son el sistema de caminos en el que los mensajes viajan con rapidez. Y la cultura popular es uno de los tres idiomas comunes que se hablan hoy en día. (Los otros dos son el dinero y el inglés).

Permíteme ilustrar cómo es que la cultura se ha convertido en un idioma común. En 1998, en la remota ciudad de Kunming, en China, me entrevistó una mujer China de veinte años que conducía un programa totalmente dedicado a la cultura popular norteamericana. En el Cercano Oriente, he visto tiendas beduinas equipadas con antenas parabólicas satelitales para la televisión, y con reproductoras de video. Hikmut Ongan, un empresario, abrió una tienda de *bagels* (panecillos semejantes a las donas) en Turquía, un país en donde las personas jamás habían consumido ese tipo de pan. Tuvo éxito inmediatamente. ¿Por qué? Por que la gente de Turquía vió a Bruce Willis comer *bagels* en la película *Die Hard II* [Duro de Matar 2], y porque Hikmut sabía que habría una demanda repentina de este producto. Michael Jordan, Silvestre Stallone, Sharon Stone, Clint Eastwood, todos son nombres familiares alrededor del mundo.

Las películas nos retratarn las preguntas que la gente hace y las respuestas teológicas contemporáneas a esas preguntas. Nuestra capacidad de comunicar el evangelio mejora cuando sabemos cómo adecuarlo a nuestra audiencia. Las películas nos ayudan a hacer eso porque la cultura popular es en donde la gente genera las cuestiones importantes para su vida y define su teología.

Mencioné antes cómo es que las películas *Antonia's Line*, *Good Will Hunting* y *Once Upon a Time When We Were Colored* tocaron cuestiones contemporáneas de mi interés. Hay incontables películas serias y, a menudo, extremadamente populares que ofrecen perspectivas acerca de cuestiones contemporáneas. En menos de un año, los cineastas exhibieron *Deep Impact* [Impacto Profundo], *Armageddon* [Armagedón] y *Contact* [Contacto]. ¿Por qué razón? Todas estas películas explotan temas mileniales, y a la gente es curiosa y a veces ansiosa respecto a lo que ocurrirá en el nuevo milenio. *The Thirteenth Floor* [El Piso 13], *The Matrix* y otras películas más plantearon la pregunta de qué es real y cómo estamos seguros de que lo es.

City of Angels [Ciudad de Ángeles], *The Sixth Sense* [El Sexto Sentido], *Ghost* [La Sombra de un Amor], *Always* [Siempre], *Meet Joe Black* [Conoce a Joe Black] y *What Dreams May Come* [Más Allá de los Sueños], todas tratan del tema de la vida después de la vida. *Stigmata*, *The Exorcist* [El Exorcista] y *The Devil's Advocate* [El Abogado del diablo] sondearon las creencias acerca del mundo espiritual y sobrenatural. *Things that Matter Most* [Las Cosas que más importan], trata acerca de las relaciones madre – hija y las cambiantes concepciones acerca del papel de las mujeres.

Las películas también son una representación de la teología actual. Nos ayuda a entender lo que la gente cree acerca de Dios y de las relaciones del hombre con Dios. En una entrevista de la revista *Time* con George Lucas, en 1999, Bill Moyers concluyó lo siguiente: «La Biblia ya no ocupa el lugar central de nuestra cultura. Los jóvenes en particular están volviéndose a las películas, y no a la religión organizada, para recibir inspiración». Sin embargo, George Lucas, desalienta la sustitución de la religión organizada por la cultura popular: «Espero que esto no termine siendo el curso que siga toda esta cuestión, porque pienso que definitivamente la religión organizada tiene su lugar. Odiaría que nos halláramos en un mundo totalmente secular en donde el entretenimiento estuviera atravesando por alguna clase de experiencia religiosa».

El comentarista de la cultura Alexander Theroux resume la situación de *Star Wars* [La Guerra de la Galaxias] en un comentario editorial del periódico *Wall Street Journal* en 1999: «Que nadie se equivoque, esto es una religión, Lucas es Dios, las salas de cine son los templos y los fanáticos espectadores son acólitos febriles que pueden tanto "testificar" la "verdad" como, después, mostrar su buena fe al traer sus disfraces a las tiendas distantes, su parroquia esencial».

Es posible que no nos guste la tendencia a alejarse de la religión organizada y a acercarse hacia la teología de la cultura popular, pero se trata de una realidad, especialmente para la generación joven. Al entender el lenguaje del cine, podemos comprender las cuestiones con las que luchan nuestros iguales y los padres pueden profundizar respecto a sus propios hijos.

Star Wars [La Guerra de la Galaxias] es solamente un ejemplo de película construida con mitologías intrincadas e intencionales, y que incluyen a un personaje mesiánico distintivo. En The *Phantom Menace* [La Amenaza Fantasma], nos enteramos de que Darth Vader (Anakin) nació de una virgen y no de un padre, sino de los Midi-chlorian, el enlace entre todo ser viviente y la Fuerza. El jedi sacerdote sabe de una antigua profecía respecto a que «el elegido aparecerá y alterará la Fuerza para siempre, estableciendo el balance entre la oscuridad y la luz». Alex Wainer, del Milligan College, dijo en un artículo del periódico *Chicago Sun Times*, en 1999 que «Lucas tomó elementos de todas las religiones, los colocó en una licuadora y la encendió».

Esto no te toma por sorpresa cuando sabes lo que Lucas ha dicho acerca de su propia travesía espiritual. En la entrevista con Moyers, anteriormente citada, afirmó lo siguiente: «Recuerdo que cuando tenía diez años le pregunté a mi madre: "Si solo hay un Dios, ¿por qué hay tantas religiones?". Desde entonces me he preguntado lo mismo, y la conclusión a la que he llegado es que todas las religiones son verdaderas».

Cuando se le preguntó si una religión era tan buena como otra, Lucas respondió: «Yo diría eso… Creo que hay un Dios. De eso no me queda duda. Qué es ese Dios o qué es lo que sabemos de él, de eso no estoy seguro. Lo único que sé de la vida y acerca del género humano es que siempre hemos tratado de establecer algún tipo de contexto para lo desconocido. Hasta el hombre de las cavernas pensó que lo tenía resuelto. Yo diría que le hombre primitivo lo entendió en una escala de 1. Hoy día, nosotros hemos llegado al 5. Lo único de lo que la gente no se da cuenta es de que la escala llega a 1 millón».

The Matrix es pródiga en temas religiosos, desde Neo, el elegido, hasta la nave mesiánica llamada Nabucodonosor que busca la ciudad perdida de Zion. En la película *Simon Birch*, conocemos a Simon, un enano por razones congénitas, que cree que Dios tiene un plan específico y un destino para su vida. Joe, su mejor amigo, llega a creer en Dios por medio de su amistad con Simon.

En el frente televisivo, Matt Groening, creador de Los *Simpson*, afirmó lo siguiente en una entrevista con el periódico *Orlando Sentinel*: «La gente de derecha se queja de que no se habla de Dios en la televisión. Los *Simpson* no solo asisten a la iglesia cada domingo a orar, sino que hablan con Dios de vez en cuando». El productor ejecutivo Mike Scully dice lo siguiente: «Los *Simpson* es constantemente irreverente hacia los fracasos y excesos de la religión organizada. Sin embargo, no se hace burla de Dios. Contesta las oraciones e interviene en su mundo». La revista de la organización *Evangelicals for Social Action* [Evangélicos a favor de la Acción Social] expresa estar de acuerdo con esta afirmación al publicar los comentarios de Bill Dark, un profesor de escuela que dice que la serie de televisión es el programa de la televisión «más pro-familia, interesado en Dios y enfocado en el hogar. Se hacen más oraciones en Los Simpson que en cualquier otra serie cómica de televisión en la historia».

Una vez que tus ojos se abran a la teología en las películas y en la televisión, la notarás en todas partes. Una vez que la vez, ¿qué haces al respecto?

UTILIZA LAS PELÍCULAS PARA PROVOCAR UNA CONVERSACIÓN

Una vez que has visto las preguntas acerca de la vida y la teología que surge de una película, puedes hacer de esos temas la base de conversaciones culturales acerca de la centralidad del evangelio para todo aspecto de la vida. Las películas proporcionan un idioma común (la cultural popular) y una serie de temas interesantes como detonadores de conversaciones o como ilustraciones que muestran la relevancia del evangelio.

Chuck Colson relata sobre una conversación que mantuvo con un prominente periodista que no estaba llegando a ningún lado. Cuando habló de su experiencia, el periodista replicó con la siguiente frase: «Qué bien por ti, pero yo no creo en Jesús». Cuando Colson habló de la vida eterna, el periodista contra-argumentó que «La muerte es el fin; no hay vida después de la vida». Cuando Colson habló sobre la Biblia, el periodista volvió a responder: «Son sólo leyendas».

Pero luego, Colson presentó *Crimes and Misdemeanors* [Crímenes y Fechorías] para usarlo como ilustración del problema del pecado humano, la conciencia y la culpa. En la película, Judah Rosenthal mata a su amante y le vence la culpa. Con el paso del tiempo, el asesinato se le achaca a un ladrón. Judah respira con más tranquilidad y su culpa se disipa. Cuando termina la película, nos damos cuenta de que Judah cometió dos asesinatos: asesinó a su amante y asesinó a su conciencia. Colson le preguntó entonces al periodista: «¿Te llamas Judah Rosenthal?». El periodista rió nerviosamente. Colson reporta que solamente cuando utilizó la metáfora contemporánea de la película se encendió la luz verde para asegurar la continuación de una conversación productiva.

Entrevisté a Robert Duvall cuando fue nominado al Oscar por la película *The Apostle* [El Apóstol]. Relató la historia de una mensajero que se quedó en el foro para observar la filmación de la escena de la predicación con todos los predicadores del evangelio. Así lo contó Duvall: «Quedó bajo la convicción del Espíritu Santo, cayó de rodillas, ¡y los evangelistas presenciaron su nuevo nacimiento ahí mismo en el foro de filmación!». Esto me inspiró para sugerir a nuestra audiencia que invitara a un amigo espiritualmente inquieto a ver la película y luego ir a tomar un café y discutirla. Dos semanas después, un miembro de nuestra audiencia en Seattle llamó y nos habló de una conversación de tres horas, posterior a la película, que resultó en la decisión de seguir a Jesús de un amigo suyo por más de diez años, pero a quien nunca había podido hablarle siquiera de Jesús. Las conversaciones informales después de las películas al lado de una taza de café ofrecen grandes oportunidades para escuchar los puntos de vista de tus amigos y comentar con ellos los tuyos.

CONVIÉRTETE EN CINEASTA

Para el largo plazo, deberíamos estimular a que los discípulos talentosos, dotados y perseverantes aprendieran el arte de hacer cine. Su pasión por el arte y su talento debería ser la base de su llamado. Spielberg y Kubrick aseguraron una plataforma para sus puntos de vista no por su agenda ideológica, sino porque llegaron a dominar la técnica y el arte de hacer películas. Dominaron el arte porque lo amaron con una pasión que los consumió. Esta maestría y devoción por el arte es producto de la definición de la imagen de un Dios creativo por medio de sus singulares dones. En un sentido, por causa de la forma en la que Dios los formó, nacieron y fueron destinados a ser narradores de historias en un medio visual y tuvieron la buena fortuna de nacer en nuestra era tecnológica, tan perfectamente adecuada a sus talentos. Épocas atrás, Spielberg y Kubrick hubieran sido los dibujantes de las pinturas en los muros de las cavernas o estarían representando historias dramáticas frente a la fogata. Necesitamos identificar a la gente joven que sea talentosa en la narración visual de historias y estimularles a seguir su pasión.

A menudo, las discusiones cristianas acerca de convertirse en profesionales de Hollywood son más dirigidas por una cuestión de misión que por una cuestión de talento. Escucho términos relacionados con la explotación, la estrategia o la milicia como «infiltrar» o «penetrar» Hollywood. Un enfoque como ese es posible que enliste en sus filas a jóvenes altamente motivados, pero la misión sin la pasión y el talento jamás producirá la calidad y la autenticidad necesarias para producir una obra realmente influyente. Una persona motivada por la misión pero sin talento está destinada a la crítica de Samuel Jonson acerca de un colega escritor: «Tu manuscrito es tanto bueno como original, pero la parte que es buena no es original y la parte que es original no es buena».

No tenemos necesidad de un montón de aspirantes a cineasta cristianos y jóvenes que sigan la profesión como un vehículo para descargar su punto de vista. Esfuerzos así producirán, inevitablemente, obras superficiales, llenas de jerigonza y propaganda. Lo que necesitamos son narradores talentosos de historias cuya destreza cinematográfica les haga ganar el derecho a contar la historia del evangelio. En *Boundless Webzine*, Roberto Rivera, un colega del foro Wilberforce, señala apropiadamente que «Nuestra cultura ha juzgado la historia cristiana como irrelevante. Sin embargo, así como la gente necesita historias, también necesita algo en qué creer. Una vez que decides que "algo" no está en la religión organizada, y en específico en el cristianismo, entonces buscas la experiencia en donde puedas encontrarla. Para mucha gente, ese lugar está en las películas». Para que las historias del evangelio vuelvan a entrar en la conciencia norteamericana, debemos llevarlas a la pantalla, pero deben ser contadas de la forma correcta. Eso nos llama a la combinación mágica y exquisita de integridad artística y mensaje sutil y texturizado, comunicado por personajes creíbles en tramas bien concebidas.

Para que un cineasta, escritor o productor comunique un evangelio matizado, él o ella deben entenderlo e incorporarlo de manera personal. Esto significa que necesitamos armar a la siguiente generación con una teología completamente integrada, personificadora y atractiva. ¿Por qué razón es que tantos intentos de presentar un punto de vista cristiano en el cine degenera en diálogo lleno de jerga simplista? Esto se debe a fueron creados por cristianos discipulados de forma inadecuada que tienen un punto de vista de la salvación y del evangelio simplista y lleno de jerigonza.

Ora por los cineastas

Debemos reconocer que Dios ama a la gente que hace películas y que deberíamos orar por ellos y por los cristianos que tienen contacto con ellos.

Las celebridades de Hollywood son gente que Dios ama. El cristianismo ha alcanzado a muchos de ellos en el camino. En un artículo de la revista *Out*, en 1997, leí que Woody Harrelson «encontró solaz al crecer siendo religioso, asistió a la universidad con una beca de la iglesia presbiteriana. "Yo era cristiano, ¿sabes? Activo en la iglesia y en estudios bíblicos en casa y cosas así, en el grupo de jóvenes. Descubrí que muchísimos cristianos eran realmente geniales. Pero hay definitivamente un porcentaje que es extremadamente crítico, hipócrita y petulante"».

Un artículo de la revista *People*, en 1999, reporta que Tom Hanks se convirtió en un cristiano nacido de nuevo durante algunos años, uniéndose a la iglesia First Covenant en Oakland. Hanks dijo lo siguiente: «Fue una de las mejores cosas que hice. Yo era un joven confundido… la religión me ayudó». Rene Russo ha relatado cómo es que el libro *Mere Christianity* [Mero Cristianismo], de C. S. Lewis, influyó en ella. Wes Craven fue alumno del Wheaton College y Brad Pitt es un antiguo líder de *Young Life* que dijo recientemente en la revista *Rolling Stone*: «Estás hablando con este tipo que siempre ha tenido cierta clase de tristeza congénita. Sé que soy alguien que tiene de todo. Pero te digo la verdad: una vez que tienes todo, entonces sólo te quedas contigo mismo».

Estas personas ejercen una influencia desproporcionada en la sociedad y en especial en nuestros niños. En vez de lamentar su influencia, debemos reconocerles como seres humanos iguales a nosotros que están en una travesía espiritual, orando para que sean receptivos a Dios mientras les alcanza. Hay muchos cristianos en Hollywood que trabajan lado a lado con estos personajes de influencia. Debemos orar por ellos y por el impacto que sus vidas y sus palabras pueden tener en estos íconos culturales, quienes, dicho sea de paso, ¡sucede que también son personas!

Entonces el cine no siempre es el enemigo. Puede ser nuestro aliado. Nos permite tener una ventana al mundo para ver y entender mejor a la gente que Dios ama. Facilita el diálogo acerca de la centralidad del evangelio en todos los aspectos de la vida. Provee lo que necesitamos para personalizar el mensaje del evangelio para la generación actual.

CAPÍTULO 19

LEE LOS LIBROS

UN AMIGO DEL CÍRCULO LITERARIO me llamó para contarme sobre un perturbador nuevo libro que está leyendo. «Es deprimente», me dijo, al reflexionar en la exitosa incursión del autor en un área antes no explorada de su pensamiento.

Ese es un buen libro. Insinúa su camino hacia nuestra mente y vida, volando más abajo del alcance de nuestro radar protector y guiándonos a lugares a los que no nos dirigiríamos voluntariamente. Experimentar a distancia lugares extraños y salir sanos y salvos de ahí nos puede capacitar para com-

prender el evangelio y comunicarlo con otras personas. Ellos
también han estado en lugares en los que nosotros no hemos estado, pero al escuchar su historia viene a nuestra mente lo que
hemos aprendido en los libros buenos, que Dios y su evangelio
están ahí y que son suficientes para la historia de todo ser humano.

EL ACERTIJO DE DIOS

Un domingo nos dirigíamos hacia la reunión de la iglesia, como es nuestra habitual constumbre. Este, sin embargo, era nuestro
primer domingo de regreso en Seattle, y estábamos preparados
para los ajustes habituales a la vida en la nueva iglesia. Al entrar
al área de estacionamiento, me quedé intrigado, y luego compla-
cido, al ver a un hombre de aspecto desaliñado, con la cabeza
baja, barba sin afeitar y de ropas arrugadas, caminar lentamente
hacia la iglesia. *Parece que las características demográficas de la
iglesia se han diversificado*, pensé.

Ya que íbamos atrasados, otra costumbre de los Staub, nos
deslizamos a la banca de más atrás, en donde yo tenía un buen
punto de observación para el hombre misterioso que estaba unas
cuantas filas adelante a nuestra izquierda. Tenía una inclinación
en su cabeza que le impedía, aunque mirara hacia arriba, hacer
contacto visual. Me percaté de mi interés por contactarlo. Justo
antes de comenzar el sermón, se levantó para irse. Escuché una
voz silenciosa que me decía: «Ve a hablar con él». Yo respondí:
«Por favor, hoy no». La voz repitió el mensaje: «Dick, levántate y
sal a hablar con él».

Quiero que quede claro que no escucho una voz audible cuando me sucede esto, pero esta vocecita es real y estoy tratando de
reconocerla, escucharla y obedecerla. Así que me levanté y alcancé
al hombre misterioso justo antes de que saliera del edificio.

—Hola, soy Dick Staub. ¿Todo bien?

—No realmente—. Inclinó su cabeza a un lado para mirarme
indirectamente y luego mirar de inmediato hacia otro lado.

—¿Qué te trajo hoy aquí?—, pregunté.

—Quiero saber qué es lo que Dios va a hacer con Loraine—,
me respondió.

Cuando estoy en estas situaciones, mi mente viaja a millones de kilómetros por minuto. En silencio le pido a Dios que me guíe a hacer las preguntas correctas y a ofrecer las respuestas óptimas. Obviamente, la pregunta de «qué te trajo hoy aquí» produjo una respuesta visceral, haciéndome conciente de que esto estaba muy por encima de mí y que sólo podía confiar en Dios para que me dirigiera. Hay un flujo y una dependencia divina en estas conversaciones relacionadas con Dios que constituye algo tanto estimulante como terrorífico al mismo tiempo.

«¿Quién es Loraine?», pregunté.

Su voz se convirtió en un susurro siniestro. «Mañana se cumplen dos años de que mi esposa, mi hija y mi sobrina murieron en un accidente automovilístico cuando el auto de mi esposa fue alcanzado de frente por Loraine. Loraine estaba ebria e iba manejando por el carril contrario de la calle. Era la tercera vez que manejaba en estado de ebriedad, y esta vez asesinó a mi familia. Quiero saber qué es lo que Dios va a hacer con Loraine». Así fue como comenzó mi primera conversación con John. Fue un intercambio emocional, inteligente e intenso que duró más de una hora y que inició el proceso de diálogo continuo que espero que algún día traiga sanidad al alma atormentada de John.

Esto es lo siniestro acerca de esa conversación con John. El día siguiente recibí una copia de la editorial Warner Publishing. Querían que entrevistara al autor, el novelista irlandés Niall Williams, que entró a la escena literaria algunos años atrás con el libro *Four Letters of Love* [Cuatro Cartas de Amor] y que se encontraba en gira promocional por su nueva novela, *As It Is in Heaven* [Como en el cielo]. Lo recogí y comencé a leer las primeras líneas.

Sólo hay tres grandes acertijos en el mundo: el acertijo del amor, el acertijo de la muerte y, entre cada uno de ellos y formando parte de ambos, el acertijo de Dios. Dios es el más grande acertijo de todos. Cuando un auto se sale del camino y se proyecta contra tu vida, sientes el acertijo de Dios.

El narrador interpone la siguiente pregunta: «¿De quién fue la culpa?». Luego narra la historia de su esposa y de su hija de diez años que murieron en un impacto de frente con el auto de un sacerdote ebrio. «¿De quién fue la culpa? ¿De mi esposa, de mi hija, del sacerdote? O fue mía». El narrador concluye que debe ser suya porque él es que quedó en la tierra para lamentarlo. Esta línea de cuestionamiento se sigue durante el resto de la novela, un romance que florece sobre la celosía de las preguntas teológicas. El libro me ayudó a entrar en el mundo de John de una forma que no conocía justo un día antes.

ENRIQUECE TU VIDA CON LOS LIBROS

Los buenos libros enriquecerán tu vida. Los grandes autores y artistas de todo tipo poseen dos cualidades: un punto de vista claramente definido respecto a la realidad, y una firma personal para comunicar lo que ven. Si deseas entender cómo es que tus congéneres humanos luchan con la vida contemporánea, lee las obras de ficción contemporánea.

De acuerdo a mi experiencia, las buenas obras de ficción a menudo funcionan como el canario en la mina de carbón. Ve la vida como es, grita sus señalamientos a quienes quieran oírlos, y nos da la oportunidad de resolver nuestras preguntas, colocándolas en capas o engrosándolas con la experiencia de vida de otro. Sin decirlo directamente, a través de los personajes y las situaciones que estos enfrentan, las obras de ficción nos instan a actuar o enfrentar cierto destino.

Todo lo que leamos requiere discernimiento. T. S. Elliot dijo lo siguiente: «Es necesario que los lectores cristianos escudriñen sus lecturas, en especial las obras de la imaginación, a la luz de estándares éticos y teológicos explícitos». Esto es particularmente cierto con la explosión de libros sobre temas de «espiritualidad».

Sería difícil imaginar otra época en la que las obras de ficción y las relacionadas con la vida real se concentran tan abiertamente en las travesías espirituales. La lista de libros mejor vendidos está llena de títulos religiosos que reflejan amplios rangos de teologías. La siguiente es sólo una muestra de los títulos religiosos que han llegado a la lista de libros mejor vendidos de la revista *Publishers Weekly: Talking to Heaven* [Conversando con el

Cielo], *The Celestine Prophecy* [La Profecía Celestina], *Cloister Walk* [Recorrido por el Claustro], *Journey into Healing* [Travesía hacia la sanidad], *The Bible Code* [El Código de la Biblia], *Embraced by the Light* [Abrazada por la Luz], *Conversations with God* [Conversaciones con Dios], *The Good Book* [El Buen Libro], *The Culture of Disbelief* [La Cultura de la Incredulidad], *Book of Virtues* [El Libro de las Virtudes], *Just As I Am* [Tal como Soy], *Left Behind* [Dejados atrás], *Chicken Soup for the Soul* [Sopa de Pollo para el Alma], *Traveling Mercies* [Misericordias Ambulantes], y muchos otros. Los críticos están observando esta tendencia con gran interés. Un crítico del periódico *Chicago Sun Times* describió a Salman Rushdie, autor de *The Ground Beneath Her Feet* [El Suelo debajo de Sus Pies], como un autor «en juego en los campos del rock, el sexo y la religión». El periódico *The New York Times* resumió *The Lilies of the Field* [Los lirios del campo], de John Updike, como uno que «busca la redención en la pantalla de plata». El semanario *Publishers Weekly* se señala que mientras que las ventas de los libros de temas generales se incrementaron un 9%, las ventas en la categoría de religión se han incrementado en un 13% de 1995 a 1998.

Detrás de cada libro está un congénere humano, el autor, luchando con los asuntos de la vida. Norman Mailer ganó el premio Pulitzer cuando tenía veinticinco años de edad. Esto le representó antes un acceso gratuito a su libre expresión. A diferencia de la mayoría de los escritores, podía escribir cualquier cosa que se le ocurriera y así era publicada. Con el paso del tiempo, esto se convirtió en su cruz hecha a la medida, el peso de las glorias pasadas y de las expectativas que nunca se cumplieron.

Para los días en los que lo conocí, era un hombre de setenta y cinco años que reflexionaba en este hecho. «Hace cincuenta años yo era un escritor desconocido, solo en una habitación con una hoja de papel en blanco y con un lápiz. Hoy sigo siendo un escritor desconocido, solo en una habitación, aunque es una mejor habitación (en este caso el hotel Four Seasons de la ciudad de Chicago), con una hoja de papel en blanco y un lápiz».

Yo habría cuestionado su falta de notoriedad de no ser porque sufrí al tratar de explicarle a la recepcionista del hotel, de unos veintiocho años de edad, que necesitaba saber el número de la habitación del señor Norman Mailer, cuyo apellido se deletrea M-A-I-L-E-R, y no M-A-H-L-E-R, como ella sugería. Mientras guardaba mi grabadora, luego de lo que él consideró una «hora escabrosa» conversando acerca de su libro *Time of Our Times* [Época de Nuestras Épocas], me dijo bruscamente:

—Me hubiera gustado saber antes que tú te graduaste del seminario para salir a tomar algo contigo. Yo solía emborracharme y hablar acerca de mujeres; hoy día me emborracho y hablo acerca de Dios. Estoy obsesionado con Dios.

—¿De verdad? ¿Y qué es lo que has aprendido acerca de Dios?—, inquirí.

Con gran emoción levantó sus enormes manos para gesticular.

—Dios es inminente. Está más cerca de lo que había imaginado. Es como si estiraras la mano y pudieras tocarlo.

—¿Y quién es este Dios inminente?

—He llegado a la conclusión de que Dios no puede ser al mismo tiempo todo amor y todopoderoso. Su tuviera ambos atributos no podría haber permitido que ocurriera algo como el Holocausto. Por eso, concluí que él es todo amor pero no es todopoderoso.

—¿Y qué me dices de Jesús?

—Cuando escribí un libro acerca de Jesús leí los evangelios detenidamente. Jesús era un verdadero revolucionario con un mensaje de amor que no excluía a nadie. Luego llegó Pablo y, con él, la religión organizada, echándolo todo a perder con sus reglas, burocracia, exclusivismo y crítica. La iglesia comenzó a excluir a la misma gente que Jesús aceptó y frecuentó.

Y así continuó durante otros quince minutos: uno de los autores más prolíficos del siglo veinte reflexionando en sus luchas respecto a Jesús y a Dios.

Cuando tus ojos se abren, te das cuenta de que hay teología en cualquier parte de las obras de ficción contemporánea. Entre las muchas hazañas literarias de Margaret Atwood está *The*

Handmaid's Tale [El Cuento de la Criada], la soberbia historia de un gobierno represivo, misógino y dictatorial que derivó su punto de vista a partir del autoritarismo religioso fundamentalista. La entrevisté acerca de un libro posterior a ese y pude darme cuenta de su carácter controversial. Le pregunté qué respuesta recibió de *The Handmaid's Tale* por parte de los cristianos fundamentalistas. Me contestó con una sonrisa traviesa: «Ninguna, y tampoco esperaría respuesta alguna de un grupo que no lee obras serias de ficción».

En cuanto al tema de su propia travesía religiosa, fue más seria y animada. Su padre era un científico involucrado en investigaciones de campo, así que pasó varios veranos en los bosques canadienses y regresó cada otoño siguiente a la civilización y a la escuela. En las escuelas públicas de Canadá se leía la Biblia al inicio de cada día, así que ella desarrolló un temprano interés en la religión. Sus padres no desalentaron este interés y, para cuando tenía doce años de edad, ya se encontraba ocupada en una profunda discusión teológica con un pastor de jóvenes presbiteriano de la localidad acerca de cuestiones que iban desde la predestinación hasta el bautismo de infantes. Cuando se dirigió a la universidad, su fascinación con temas de la fe le llevaron a inscribirse en los cursos relacionados con la Biblia desde un punto de vista totalmente literario.

Al reflexionar en su propia obra, se quejó de la ignorancia sobre la Biblia: «La Biblia es el documento esencial de la civilización Occidental. No entenderás mis escritos a menos que entiendas las historias y temas bíblicos básico que están subyacentes en ella». Posteriormente, cuando estábamos fuera del aire, me contó algunas agudas anécdotas personales acerca de su misticismo y superstición en la Nueva Era, lo que entendí como los experimentos inquietos de una mujer ocupada en una travesía espiritual.

Me entristeció su imagen de los cristianos fundamentalistas respecto a su desinterés por la obra seria de ficción. En gran parte, yo creo que probablemente tiene razón. Sin embargo, aunque muchos no la leyeron, recuerdo haber escuchado a algunos fundamentalistas desechar *The Handmaid's Tale* y considerarlo un panfleto antirreligioso y a favor del aborto. Desde mi perspectiva, el punto de vista de Margaret Atwood se forjó en el fuego de su propia experiencia y se construyó sobre un fundamento de riguroso enfrentamiento con la Biblia. Escuchar su voz, y escuchar la voz de otros autores, nos da a los cristianos una oportunidad de vernos a nosotros mismos de la forma como muchos otros lo hacen, de ver cuál es la apariencia de nuestras creencias cuando se les mira a través de un lente distinto, y también de estructurar una respuesta basada en nuestro amor y respeto por un compañero de viaje en el camino de la vida.

En los últimos años, las casas editoriales han lanzado al mercado obras de inmensa belleza literaria y sondeo teológico: *Mr. Ive's Christmas* [La Navidad del Señor Ive] de Oscar Hijuelos, *Atticus* [El Ático] de Ron Hansen, y *Damascus Gate* [La Puerta de Damasco] de Robert Stone, son algunas de ellas. Algunas plantean preguntas para las que necesitamos elaborar una respuesta. Consideremos las preguntas planteadas por un personaje en la novela de Amy Boom titulada *Love Invents Us* [El Amor nos inventa]:

Dios, en ocasiones, comete un error. Sólo se trata de descuido. No verifica el calendario. De haberlo verificado, sabría que Elizabeth estaba sobrecontratada en cuanto a las pérdidas. Elizabeth no creía en un Dios real, pero tenía un personaje semejante a Dios en la cabeza, en parte el señor Kein, en parte Santa. En la escuela primaria, cuando falleció el hermanito de Mimi Tedeschi, ella se inclinó desde dos asientos atrás para susurrar que Dios lo había hecho uno de sus ángeles. Elizabeth casi se levantó a gritar en la mitad de una práctica de deletreo. ¿Quién podía creer una cosa tan fea, tan cruel y sin sentido? ¿Dios robando bebés de sus familias porque se siente solo y sofocando su vida porque necesita compañía?

La naturaleza espiritual de la obra de ficción literaria contemporánea refleja la búsqueda espiritual de los autores contemporáneos, pero también refleja los apetitos de un público lector, hambriento de una realidad espiritual satisfactoria. En mayo de

1999, la revista *Newsweek* reseñó la obra de varios autores de libros que se han distinguido por ser éxitos de ventas como Jan Karon, Anne Lamota e Iyanla Vanzant. El artículo concluye la de la siguiente forma: «Al concentrarse en temas espirituales, tres autoras de éxitos de venta en librerías inspiraron a una gran cantidad de devotos seguidores». Lo más interesante fue su observación acerca de que Anne Lamota «detecta en sus audiencias letradas y liberales una gran hambre por sentirse satisfechas espiritualmente».

LOS BENEFICIOS DE UN BUEN LIBRO

¿De qué forma se beneficia un seguidor de Jesús al tomar tiempo para leer un buen libro? Los lectores se enriquecen, tienen una oportunidad de entender otro punto de vista, reciben la oportunidad de compartir tiempo con una persona interesante que se ha tomado el tiempo de escribir su punto de vista por escrito, y desarrollan su habilidad para luchas con cuestiones difíciles y elaborar una respuesta. Los grupos públicos de lectura ofrecen una oportunidad para involucrarse en una discusión seria acerca de temáticas de la vida y de interactuar con compañeros de viaje espiritual, escuchando sus puntos de vista y ofreciendo la perspectiva de tu fe cuando es apropiado. En vez de lamentar la influencia de Oprah en su decisión de promover libros sobre la Nueva Era, ¿por qué no explotar su popularidad leyéndolos y discutiéndolos desde tu punto estratégico de vista cristiano?

Los buenos libros ofrecen la oportunidad de hallar inmenso placer personal y una interacción efectiva con tus iguales. El apóstol Pablo logró la empatía de los atenienses en el Monte de Marte porque conocía las cuestiones teológicas con las que lidiaban en su literatura, la cual obviamente había leído, cuando dijo: «Puesto que "en él vivimos, nos movemos y existimos". Como algunos de sus propios poetas griegos han dicho: "De él somos descendientes"» (Hechos 17:28).

Como discípulos de Jesús, nuestra capacidad para influenciar a la gente que nos rodea estará en proporción directa con nuestra comprensión acerca de sus problemas y de la respuesta que el evangelio tiene para ellos. Lee buenos libros. Disfrútalos y úsalos para beneficio del reino.

CAPÍTULO 20

CUENTA HISTORIAS CORTAS

En cierta ocasión, el teólogo Karl Barth hizo una presentación algo prolongada y compleja ante un grupo de estudiantes. Cansado de la verborrea de Barth, uno de los estudiantes aprovechó el periodo de preguntas y respuestas para preguntar lo siguiente: «Doctor Barth, ¿sería usted capaz de resumir el evangelio en una tarjeta postal?». Barth respondió: «Sí, jovencito: Jesús me ama, bien lo sé, la Biblia dice así». El gran teólogo procedió luego a sentarse. Lo que conoces del evangelio llenaría un libro, lo que comunicas acerca del evangelio en una situación determinada a veces puede reducirse a una tarjeta postal. Jesús fue el maestro de la historia corta y tú también deberías serlo. Esto significa ser capaz de presentar el evangelio de una forma atractiva en partes pequeñas sin hacerlo demasiado simple. El hecho de que Jesús hizo precisamente eso en una época que iba a un paso más lento significa que nosotros necesitamos dominar éste arte de forma aún más efectiva en la época de la comida rápida.

Un programa de comentarios en radio es un lugar en el que probablemente no se logrará dominar la brevedad. Durante más de una década, conduje un programa de comentarios en radio, durante tres horas por día, de lunes a viernes y de 4 a 7 de la tarde. ¿Te puedes imaginar quince horas de intensa conversación y diálogo a la semana y que, además, te paguen por ello? Después de estar al aire durante algunos meses, mi hermana observó mi capacidad para parlotear y me dijo: «Dick, tú necesitas el programa de radio porque tienes tres horas de cosas dignas de ser escuchadas cada día, ¡ya sea que alguien quiera oírlas o no!». En una ocasión ofrecí una conferencia durante un tiempo devocional en Tyndale House Publishers, y hablé acerca de «las palabras». Le pregunté a uno de los encargados de marketing, Dan Balow, que calculara cuántas palabras habían impreso durante el año anterior. El total que obtuvo fue de ochocientos cuarenta y nueve mil trescientos cincuenta y nueve millones de palabras —¡y todo esto fue antes de publicar la serie *Dejados Atrás!* Señalé esto para confirmar que ni los editores ni los conductores de programas de radio sufren de escasez de palabras.

Sin embargo, en el acelerado mundo contemporáneo, los comunicadores enfrentan un desalentador desafío. Es posible que no nos falten palabras que decir y escribir, pero hoy día la gente dedica una cantidad cada vez menor de tiempo para escuchar y leer. Jonathan Franzen, autor del libro The *Twenty-Seventh City* [La Vigésimo Séptima Ciudad], describe este desafío como novelista de la manera siguiente: «El novelista tiene más y más que decir a los lectores que tienen menos y menos tiempo para leer: ¿en dónde hallamos la energía para atraer a una cultura

en crisis cuando la crisis es la imposibilidad de atraer la cultura?».
Hoy día, la gente está ocupada y su tiempo está fragmentado.
Necesitan escuchar lo que tenemos que decir pero, dada la dinámica de la vida contemporánea, ¡necesitamos decirlo de forma rápida y concisa si es que queremos que lo escuchen!

Los escritores tienen la confirmación por parte de nadie menos que William Strunk, el autor del clásico libro *Elements of Style* [Componentes del Estilo], quien dice lo siguiente: «La composición vigorosa es concisa. Esto no requiere que el escritor elabore todas sus oraciones con pocas palabras, sino que cada palabra tenga mensaje». Recuerdo la carta de rechazo que le envió un editor a un joven aspirante a escritor: «Tengo la confianza de que dentro de este grueso libro está un libro delgado, ¡que se muere por salir de ahí!». Pregunta al enigmático artífice de la palabra E. E. Cummings si la brevedad significa que una persona no puede comunicarse de forma efectiva. Entre sus líneas clásicas se encuentran las siguientes: «El caramelo es fantástico pero el licor es más rápido» y «Cuando Dios decidió inventar todo, tomó un respiro más grande que la tienda de un circo, y todo comenzó».

Les daré una buena noticia a todos los comunicadores que utilizan la voz y que necesitan una conversión para ser más breves. Viene de nada menos que el maestro comunicador, Jesús. Más gente ha leído y escuchado sus enseñanzas que de ningún otro maestro en la historia. Sin embargo, él era un hombre de relativamente pocas palabras. Su medio de comunicación estaba integrado por parábolas e historias sencillas extraídas de experiencias universales o comunes a todos sus interlocutores. Quien quiera que escuchara a Jesús se podía identificar con su historia acerca de un hijo perdido o con la historia de un granjero que esparció semillas, algunas de las cuales no pudieron echar raíces. Por medio de estas historias comunes, Jesús llamó la atención a asuntos espirituales de una forma no confrontadora y que, además, era capaz de provocar una respuesta. Incluso en el Sermón del Monte, cuando Jesús habló durante un periodo largo de tiempo, utilizó porciones cortas que estaban relacionadas con lo cotidiano:

sal, luz, tesoro, prójimo, hipócritas, jefes, árboles, ropa, comida. Además de brevedad, las audiencias contemporáneas se mueren de ganas por escuchar buenas historias. El primer estilo de comunicación que utilizó Josh McDowell en las universidades se concentró muchísimo en la propuesta. Era semejante a la forma que se usa en los debates. Hacía una presentación lógica y lineal de su caso, deteniendo cada contra argumento. Este estilo fue plasmado en su libro *Evidencia que Exige un Veredicto*. En el año de 1998 McDowell publicó una obra de ficción por primera vez. Cuando le pregunté la razón por la que decidió hacer esto, me dijo: «Es bastante claro para mí que la única forma en la que puedo atraer al estudiante de hoy día es comenzar con historias que nos permitan establecer un lazo de empatía. Con el paso del tiempo alcanzo la enseñanza que establece propuestas, ¡pero no ocurre así si no comienzo con alguna historia!».

Debe ser claro para ti que, como discípulo, estás tratando de comunicar el evangelio en un mundo que requiere de brevedad y de buenas historias. La buena noticia es que Jesús, de quien somos discípulos, ¡nos enseña cómo hacerlo!

Jesús conocía los elementos de una buena historia. Una buena historia es sencilla. Atrapa nuestra atención rápidamente. Se fundamente en experiencias, lenguaje y símbolos universales. Establece tensión entre los personajes de manera que la gente comienza a tomar decisiones casi de manera subconsciente. Propicia la imaginación. Aunque puede contener varios niveles de acción, subraya una cuestión clave o comunica un punto clave de forma efectiva. Aunque la historia es sencilla, la cuestión que resuelve puede ser compleja.

Una buena historia, una vez que atrapa nuestro corazón, se queda en nuestra mente.

George Lucas atrapó a una generación entera con su historia de *La Guerra de las Galaxias*. Roberto Rivera, un miembro del foro Wilberforce en la Fraternidad de la Prisión, señala a los comunicadores estas implicaciones en su *Boundless Webzine*:

Si quieres atrapar a las personas en donde realmente están viviendo, tienes que llegar más allá de sus mentes y aun más allá de su corazón. Tienes que atrapar su imaginación. Una vez que tienes eso, hay probabilidades de que también tengas todo lo demás. En otras palabras, si quieres enseñarles una lección moral, no hay sustituto para un buen relato.

CUENTA TU HISTORIA

Como discípulo de Jesús, debes ser capaz de contar por lo menos una historia: ¡la tuya! Es posible que la gente no se interese en tu teología o en tu conocimiento de la Biblia, pero la mayoría de la gente se interesará en tu historia. Debes construir tu historia alrededor de los momentos decisivos de tu jornada espiritual. Cada uno de esos momentos decisivos se convierte en una pieza valiosa. Al igual que Jesús, debes estar preparado para comunicar una pieza o para enlazar una serie de piezas tal y como él lo hizo en el Sermón del Monte. Estas piezas pueden cubrir varios temas y siempre querrás elegir la historia que es más aplicable a la situación que estás discutiendo. Debes ser capaz de relatar una historia acerca del por qué decidiste seguir a Jesús, acerca de cómo es seguir a Jesús y acerca de por qué continúas siguiendo a Jesús. Es posible que quieras contar una historia acerca de lo más difícil que hayas enfrentado y cómo fue que te ayudó Dios o tu círculo de amigos cristianos.

ESCUCHA SUS HISTORIAS

También es importante escuchar las historias de otros. Yo utilizo una sencilla pregunta para iniciar el diálogo. Simplemente pregunto: «Cuéntame un poco acerca de tu jornada espiritual». La pregunta es muy abierta pero lo suficientemente concentrada en que la conversación tome una dirección espiritualmente provocativa. Es una pregunta razonable que puedes hacer si has estado hablando de tu experiencia espiritual o si tu interlocutor señala algún tema religioso en las noticias, la música o el cine.

Desencadenar los temas contenidos en el cine o en la cultura popular es una forma excelente de conversar acerca de las jornadas espirituales, y las historias de la cultura popular sirven como un trampolín para estas discusiones. Por ejemplo, si tu amigo o amiga ve un anuncio de la película *Stigmata* y dice: «¡Vaya broma!», tú le respondes así: «Oh. ¿Y por qué piensas que es broma?». O si Jesse Ventura dice: «La religión organizada es una muleta para la gente débil», tú puedes preguntarle a tu amigo o amiga lo siguiente: «¿Qué piensas acerca de lo que Jesse Ventura dijo acerca de la religión?».

OCUPA CINCO MINUTOS

En última instancia, tu objetivo es trasladarte de forma natural desde tu historia o desde su historia hasta la historia de Dios y Jesús. Conocer las historias esenciales de la Biblia es importante porque te proveerán de un punto de partida común para una conversación o te permitirán introducir a tu interlocutor en una de las más grandes historias de impacto universal de todos los tiempos. Hasta la gente que no tiene poco conocimiento bíblico recuerda la historia de la creación, la historia de la Caída, la historia de Abraham cuando ofreció a Isaac, o la historia del hijo pródigo.

Hoy día, la mayoría de nuestras oportunidades para contar historias se dan sin planearlas en los aviones, al esperar tu turno en una línea o al estar sentado viendo un juego de pelota. Esto quiere decir que necesitas estar disponible para el momento en que aparezca la oportunidad para conversar, lo cual significa que necesitamos estar preparados para modificar nuestra agenda y aprovechar ese momento. Para mí, un suizo de tipo A, un consejo como ese es difícil de seguir. Sin embargo, recibí un poco de ayuda unos años atrás cuando entrevisté al autor del libro *The Five-Minute Minister* [El Ministro de los Cinco Minutos]. Él decía que en vez de volverse loco con las interrupciones diarias a nuestra agenda, deberíamos poner un límite de cinco minutos para lo que resultara ser una interrupción. Insistía en que, al hacer esto, yo descubriría que algunas de mis «interrupciones» son en realidad citas divinamente establecidas. Su libro apareció más o menos al mismo tiempo que el libro *Margins* [Márgenes] de Richard Swensen, en el cual se afirma que necesitamos dejar margen en nuestra agenda para permitir más flexibilidad para lo inesperado y para eliminar algo de la presión que tenemos.

Ya que tengo una obsesión con la administración del tiempo, estas eran ideas ajenas y chifladas para mí, aunque dignas de intentarse por causa del reino. Me percaté de que al establecer un periodo de cinco minutos para las interrupciones, me relajé al saber que sólo iba a «perder» cinco minutos con la persona que interrumpía mi agenda perfectamente planeada. También noté que casi siempre podía dejar satisfecha a la persona cuando tomaba cinco minutos para escucharla. Me percaté de que a menudo surgen cosas importantes de estos momentos. Comencé a darme cuenta de que la vida es en realidad lo que ocurre en nuestro camino hacia nuestro destino, y no es la llegada eficiente y efectiva a nuestro destino. En ocasiones, la interrupción es el propósito del día y es, de hecho, nuestro destino no agendado.

Hace poco leí un obituario para Dan Worral, un hombre que nunca conocí pero que, evidentemente, tenía un corazón para la gente y había aprendido a vivir con márgenes. Su esposa, de veintinueve años de edad, escribió en su obituario: «Uno de nuestros amigos dijo que "Dan era el hombre más lento que yo jamás conocí pero que había logrado más que ningún otro que conozco". Dan tenía su propia agenda. Tomaba tiempo para hablar con un amigo al que tuviera la oportunidad de encontrar o disfrutar en un bello día. Dejaba que lo importante estuviera antes que lo urgente. Le dije a Dan que, cuando muriera, la gente no pensaría que se habría ido, ¡simplemente pensarían que estaría retrasado otra vez!».

En eso, Dan Worral era como Jesús. ¿Alguna vez te has percatado cuán a menudo Jesús ministró cuando le interrumpieron en su trayecto hacia algún otro lugar? Se detenía, escuchaba, relataba una historia interesante y breve, y luego continuaba su camino. En algunas ocasiones, probablemente todo esto tomaba menos de cinco minutos.

Mmmmh. Historias breves. ¿Tienes tiempo para intentarlo?

CAPÍTULO 21

■ SÉ HUMILDE

THOMAS MOORE DIJO LO SIGUIEN-te: «Señor, por favor ayúdame a siempre buscar la verdad y líbrame de aquellos que ya la encontra-ron». La gente más desagradable que conozco es la que cree que conoce de manera exclusiva la verdad y que hace de la coerción a otros su tarea primordial. En la curva de distribución de personas así de odiosas, a menudo parece que hay una suma desproporcio-nada de religiosos.

Tristemente, además de repro-bar en el examen de rigor intelec-tual, a menudo también fracasan en la prueba de humildad. El problema se ha complicado por la conflagración de una agenda cristiana con una agenda política. Durante el calor de la batalla política, cuando la paliza contra Clinton estaba en pleno apogeo y Oliver North se postulaba como senador, apareció un cartel en una manifestación de la Coalición Cristiana: «¿Dónde está Lee Harvey Oswald cuando más lo necesitas?». La Coalición eliminó el cartel y culpó del afiche hostil a una facción extremista dentro de su membresía. Sin embargo, para muchos este cartel simbolizó el grado al que el activismo político ha sobrepasado la decencia y dignidad cristiana elementales en la vida política de los norteamericanos. Muchos cristianos han permitido que el combate político reemplace al hacer discípulos y han permitido que la confrontación ideológica reemplace el ser de bendición o expresar amor a nuestros prójimos.

El problema no se limita a la vida política. Existe ya una creciente y manifiesta cualidad desagradable en la actitud de algunos cristianos hacia el hecho de que el pueblo esté en desacuerdo con ellos ya sea política o ideológicamente. Despliegan un enfoque limitado a un actitud de confrontación al estilo «nosotros-contra-ellos» que se compone de una falta de voluntad para escuchar y discutir acerca de las áreas de desacuerdo. La sociedad actual está más preocupada en ganar un argumento que en buscar la verdad y, por lo tanto, está más cómoda satanizando a sus oponentes que mostrándoles respeto. Este fenómeno no es exclusivo de los cristianos, pero me preocupa más que se manifieste entre los cristianos, dado que es una actitud no congruente con ser discípulo de Jesús que inhibe nuestra efectividad al comunicar al mundo el amor de Jesús.

En una época que se distingue por el orgullo y la presunción, los discípulos de Jesús son llamados a tener un espíritu contracultural y una actitud de humildad. El mismo Jesús nació sin presunción alguna en un lugar equivalente a un establo. Creció en pueblos pequeños e insignificantes. Su padre fue un carpintero de la clase popular. Aunque era considerado rabí para un número creciente de discípulos, Jesús no tenía un hogar. Enseñó que los mansos y humildes de corazón serían bendecidos. Manifestó la verdad con amor, demostrando chispazos de ira solamente hacia aquellas personas dentro de la comunidad religiosa a quienes les faltaba humildad en el contenido y actitud de su enseñanza.

Al enfrentar la crucifixión, y a pesar de poder reclamar sus derechos y posición como Hijo de Dios, no apresuró su defensa cuando se le trajo ante el sumo sacerdote y luego ante Pilato. Más bien, cuando el sumo sacerdote le preguntó si él era el Mesías, su respuesta fue provocativa pero breve. Cuando Pilato le preguntó si él era el Rey de los Judíos, Jesús sólo respondió así: «Tú lo has dicho». Cuando fue llevado ante Herodes, aunque le cuestionaron en cierto medida, Jesús no dio respuesta alguna.

La conducta de Jesús dejó un memorable ejemplo en sus discípulos. El apóstol Pedro amonestó a los primeros cristianos así: «Revístanse todos de humildad en su trato mutuo, porque "Dios se opone a los orgullosos, pero da gracia a los humildes"» (1 Pedro 5:5). El apóstol Pablo les recordó a los filipenses que debían revestirse de «afecto entrañable y de bondad, humildad, amabilidad y paciencia» (Colosenses 3:12).

Esta humildad no se basaba en la timidez de la personalidad; es posible que traten de presionarnos para clasificar a Pedro, Pablo o Jesús como hombres diminutos, tímidos e inseguros. Esa humildad y mansedumbre no era indicativa de debilidad de la posición ideológica o de la falta de intensidad en la fe. La palabra griega que se traduce como mansedumbre, *praotes*, se entiende de forma común como dominio propio. Como lo expresa William Barclay, las Bienaventuranzas podrían haberse traducido así: «Bienaventurado el hombre que tiene todo instinto, todo impulso y toda pasión bajo control». También señala la definición general de Aristóteles sobre la virtud: «la mitad entre dos extremos»; y de una definición específica de mansedumbre: «el feliz punto intermedio entre demasiada ira y muy poca ira».

El sendero que conduce a tal humildad pasa a través de la mente. El apóstol Pablo insta a los Romanos así: «Nadie tenga un concepto de sí más alto que el que debe tener» (Romanos 12:3). La humildad comienza al ponernos en la perspectiva apropiada. «Consideren a los demás como superiores a ustedes mismos.

Cada uno debe velar no sólo por sus propios intereses sino también por los intereses de los demás» (Filipenses 2:3-4). Nadie fue superior a Jesús, así que podemos concluir que Pablo está diciendo que la verdadera humildad significa asumir una mentalidad de igualdad (lo que en el caso de Jesús, y quizá también en el tuyo, es posible que no sea verdad), y luego ser deferente con las demás personas en tu conducta y actitud hacia ellos. Si tan sólo comunicáramos una actitud así en nuestra vida y testificáramos al mundo, qué diferencia no habríamos hecho.

Pero, ¿de qué forma podemos poseer una actitud así, y en especial al comunicar nuestra fe de una manera cotidiana? Esto es lo que he aprendido.

YO NO SOY DIOS

Muchos cristianos dan el salto desde «la Biblia es la palabra de Dios» hasta «yo hablo en nombre de Dios» con una relativa, aunque equivocada, facilidad. Luego de eso, asumen una posición autoritaria en cada debate y una actitud crítica hacia todo oponente. Después de todo, creen que hablan «en nombre de Dios».

En realidad, hasta un profeta genuino y auténtico como Isaías reconocía que los pensamientos de Dios eran mucho más altos que sus pensamientos y los caminos de Dios más altos que los suyos. Ningún ser humano puede afirmar que tiene un entendimiento total acerca de Dios, y ningún humano puede hablar en lugar de Dios. Mientras un individuo afirme más hablar a nombre Dios, menos confío en él. Estoy de acuerdo con la autora Anne Lamott, quien señaló en su libro *Bird by Bird* [Ave por ave] lo siguiente: «Puedes asumir con seguridad que has creado a Dios a tu propia imagen cuando resulta que Dios odia a la misma gente que tú».

YO NO SOY JESÚS

Durante su ministerio, en ocasiones emitió condenas y juicios imprecatorios. Por lo general, estos comentarios los reservaba para la gente religiosa, como los escribas y los fariseos. Él llegó a formular comentarios mordaces respecto a que los fariseos era como sepulcros blanqueados. Condenó a ciudades enteras como Corazín o Betsaida por la incredulidad de sus habitantes. Maldijo a una higuera por no producir fruto. Emitió ayes por aquellos que se convirtieran en piedras de tropiezo para los niños. Expulsó del templo a los cambistas. En cada caso, Jesús habló en su papel de profeta proveniente directamente de Dios.

Nuestro llamamiento no es ese. En mi programa de radio he podido observar esta suposición acerca del manto profético en algunos de mis oyentes. Hay cierta sensación de solemnidad y crítica. Hay una suposición respecto a que hablan en nombre de Dios y que quedaré maldito con la condenación eterna si no caigo a sus pies y me arrepiento de mis formas de proceder acerca de un tema determinado o de mi punto de vista sobre el mismo. Todo esto lo basan en su convicción de que hablan con la voz profética y llena de autoridad que tuvo Jesús.

LA BIBLIA, EN CUANTO A SUS PROPÓSITOS, TIENE LÍMITES

Para muchos cristianos, la Biblia se ha reducido a su cachiporra personal, blandida para someter a otros a su propia posición acerca de virtualmente cualquier tema sobre el cual hayan concentrado suficiente intensidad dogmática.

Las personas así a menudo comienzan pensando que la Biblia es exhaustiva en su revelación de toda la verdad, al menos en el tema al cual se dedican. Armados con esta suposición, han utilizado a la Biblia para proponer y defender teorías muy específicas y detalladas en temas científicos, políticos, sicológicos, legales, educativos, económicos, filosóficos y apocalípticos.

En el nivel más práctico y táctico, algunos cristianos creen que la Biblia es un mapa exhaustivo de toda conducta personal. Algunos utilizan la Biblia como un manual detallado para la crianza de los hijos, desde cómo amonestarlos hasta cómo amamantarlos o cómo acostarlos en cama. Otros la usan como un manual de planeación financiera, incluyendo si se debe o no solicitar un crédito para la compra de un auto o de una casa, o qué hacer con sus fondos de retiro. Se utilizó a la Biblia como un manual de procedimientos para la planeación adecuada en el advenimiento del año 2000. La han usado para promover medicina alternativa, homeopatía, quiropráctica y suplementos vitamínicos. En realidad, aunque la Biblia se refiere a y es útil para formular filosofías de la vida y prescribir conductas diarias, su propósito predominante está definido de manera más estrecha. El propósito de la Biblia es atraer a los humanos a una relación restaurada con Dios, con sus semejantes, y al cumplimiento de nuestros propósitos originales como seres humanos creados a la imagen de Dios. La Biblia presenta el drama de nuestra creación, caída y redención y nos da algunas pistas respecto a nuestro futuro como raza humana. Aun cuando nos comunicamos dentro del rango o límite de autoridad de sus propósitos, lo debemos hacer de manera humilde. Y ciertamente deberíamos movernos con cautela al buscar confirmación bíblica de nuestras filosofías y prácticas específicas cuando estas caen fuera del límite de su propósito.

Veo a través de un cristal sin claridad

Cuando comunicas algo que proviene de la Biblia, debes estar conciente de que lo que ofreces es *tu* comprensión e interpretación de la Biblia. La Biblia es la última autoridad y es claramente adecuada acerca de lo esencial del evangelio y de los principios de vida, pero hay muchas instancias en las cuales lo mejor que yo puedo ofrecer es mi «interpretación» de lo que la Biblia enseña.

Esto condujo a Agustín a aconsejar a los cristianos que debemos «en lo esencial requerir la unidad, la unidad, en lo no esencial permitir la diversidad y en todo lo demás mantener la caridad». Esto requiere de nuestro discernimiento acerca de las cosas esenciales y las no esenciales, y luego de una interpretación apropiada de la Escritura en lo que respecta las cosas esenciales. La iglesia no está sin mancha respecto al ejercicio del discernimiento. Hasta que Copérnico llegó en el siglo XVI, la iglesia afirmaba basándose en la Escritura que el universo rotaba alrededor de la tierra. Hoy día hay quienes afirman, basándose en la Escritura, que los caucásicos son superiores a las personas de color. Estos ejemplos ilustran que es posible que suframos tanto de una incapacidad para discernir lo que es esencial como de una incapacidad para interpretar de forma apropiada las Escrituras. La mayoría de los literalistas bíblicos reconocerán los errores en los ejemplos antes citados, pero no están dispuestos a reconocer que pueden estar equivocados de forma similar con respecto a las cuestiones contemporáneas en las que han reunido una considerable pasión.

La humildad requiere que reconozcamos que muchas de nuestras creencias y prácticas representan nuestra comprensión personal de la Escritura, pero que no son obligatorias para otros. Eso significa no aferrarnos a una multitud de creencias y permitir que haya diversidad dentro de la más amplia cultura e inclusive dentro del mismo cristianismo. Esto es muy difícil para aquellos cuya confianza se basa en estar en lo correcto en toda instancia y quienes creen que la Biblia es totalmente clara en todas las cosas.

Los cristianos que sienten comodidad al usar etiquetas para sus parachoques con leyendas como «Dios lo dijo, yo lo creo y eso es el punto final para mí», rara vez se involucrarán en un diálogo con una actitud de humildad ideológica. Después de todo, si lo que yo creo es una idea que proviene de Dios, y esto difiere de lo que tú crees… «¡Ajá, yo gano! ¡Dios está de mi lado!». La superficialidad con la que algunos cristianos reclutan la autoridad de Dios a favor de ellos para triunfar sobre el horizonte ideológico es un reflejo de lo superficial de su reconocimiento de la singularidad de Dios y de los límites que esto deja en su comprensión de Dios y de su Palabra revelada.

El maestro bíblico Harold Camping predijo el fin del mundo con certeza total (aunque en la semana anterior a la fecha predicha, él cambió al 99 por ciento de certeza). Fundamentó sus predicciones en interpretaciones bíblicas intrincadas y detalladas, argumentando que la evidencia era tan convincente y clara que su conclusión era la única a la que una persona razonable podía llegar. Hoy sabemos que él estaba equivocado.

Recuerdo en una caricatura de que apareció en el diario *Wall Street Journal*, en la que la esposa le dice al esposo: «Vamos, pide indicaciones. Haz de cuenta que estás poniéndote en contacto con tu lado femenino». ¿Que cuál es mi argumento? Muchos de nosotros preferiríamos aferrarnos a nuestra certeza equivocada ante la alternativa de admitir que nos hacen falta ciertos detalles en el camino de la vida.

No he llegado

A menudo hay una inmensa separación entre lo que creo y lo que aspiro y la manera real en la que vivo mi vida cada día. Este hecho en sí mismo debería producir una considerable reserva de humildad. Es triste decir que a menudo este no es el caso. En el libro *Cloister Walk* [Caminata por el Claustro], la autora Kathleen Norris lo describe de esta manera: «Mi problema es que muchas personas que se identifican públicamente como cristianas son unos imbéciles respecto a ella. Si ser cristiano significa encarnar el amor de Cristo en mi propia vida, entonces quizá es mejor dejar que otros me digan qué tan bien o mal estoy haciendo esto». Nuestra máxima muestra de humildad debería derivarse de nuestra conciencia de que el cristianismo es, en última instancia, una vida para vivirse, no un conjunto de doctrinas que se deben creer. Nuestras deficiencias diarias deberían recordarnos que nos parecemos más a los no creyentes que lo que somos distintos de ellos. En este sentido, todavía formamos parte del mismo grupo que está en una búsqueda espiritual y que somos compañeros de viaje con todos los seres humanos de este planeta.

La verdad triunfa al final

A final de cuentas, nuestra humildad y paciencia se derivan de nuestra sólida fe respecto a que lo que creemos es verdad. En el caso de que nuestras creencias no lo fuesen, le damos la bienvenida a los intentos de refutar nuestras creencias porque ciertamente no deseamos unas vidas de auto-engaño. No tengo temor de que mis creencias sean refutadas, así que no estoy enojado o inseguro cuando se llevan a cabo intentos por hacerlo. Dado el convincente soporte respecto a que mis creencias son verdad, procederé a presentar mi caso, pero lo haré con toda la humildad que Dios me conceda (¡y algunos de mis amigos dirán que Dios no me ha concedido la suficiente!). Entiendo que existen límites severos a la capacidad de cualquier persona para persuadir a otra, y entiendo que un cambio de mente y corazón, para la mayoría de la gente, llega como resultado de un proceso. Esto me permite concentrarme en ser de influencia para que una persona vaya del punto A al punto B, en vez de creer que yo soy capaz de moverla de un punto A hasta un punto Z. Al comprender su escepticismo, le doy la bienvenida en vez de tener temor de él. Como lo escribió John Stackhouse en un artículo de la revista *Christianity Today*: «Intentamos mucho convencer a la gente de que el cristianismo es verdad sin primero convencerles de que es *probable* que sea verdad».

Luego entonces, el cristiano que sigue a Jesús al mundo debería hacerlo con humildad porque ese es el ejemplo y mandato de Jesús, y porque es el único enfoque apropiado dado el hecho de que yo no soy Dios, apenas puedo ver a través de un cristal sin claridad y Dios todavía no acaba su obra en mí.

CAPÍTULO 22

SI HAY CONTROVERSIA, DEMUESTRA TU INTERÉS

SI OCUPAMOS LA MITAD DEL TIEMPO dominando el espíritu correcto que el tiempo que pasamos dominando las respuestas correctas, nuestra efectividad al transformar la cultura mejoraría exponencialmente. Jesús nos llamó a amar. Esto no significa que abandonemos nuestra pasión por la verdad o el uso de nuestras mentes para alcanzar conclusiones lógicas. Lo que sí significa es que debemos someter a la prueba del amor la forma en la que predicamos la verdad. En términos de debates, esto significa entender a la persona al igual que entendemos su posición ideológica. Luego de entrevistar a la feminista Susan Faludi acerca de su libro *Stiffed* [Entumecido], me contó algunos de sus anhelos espirituales. Me pregunté si alguna vez ella se había sentido capaz de hacerlo con sus combatientes ideológicas entre las filas de las feministas cristianas. ¿Preferirían vencer las ideas de Susan en un debate o demostrar el amor que Dios tiene para ella a través de una relación interpersonal? ¿Es apropiado ganar la batalla ideológica arriesgando la pérdida de un alma?

¿POR QUÉ NO HACES ALGO AL RESPECTO?

Recuerdo un programa en específico acerca de la eutanasia que transmitimos al principio de los años noventa. Como es normal en temas controversiales como éste, las líneas telefónicas no dejaban de recibir llamadas. Derek Humphries, el fundador de la Sociedad Hemlock, estaba en las noticias, al igual que el Dr. Kevorkian y su agresivo abogado, Geoffrey Fieger. Los líderes religiosos y expertos en ética comenzaban a definir sus posiciones y los oyentes tenían una multitud de opiniones. Sentí que con mucha frecuencia los cristianos nos concentramos en estas cuestiones con una actitud y posición en «blanco – negro» o simplemente lanzamos un versículo bíblico como si fuera una granada y luego huimos del lugar. Aunque mis convicciones sobre el tema me eran claras y firmes, mi corazón se consternaba por la gente que se encontraba enfrentando esta difícil decisión con respecto a alguien a quien amaban y que se encontraba en estado de coma. Yo quería matizar la discusión de manera que pudiéramos escuchar y tratar de entender a la persona que estaba viviendo esta realidad y no estaba precisamente participando en una discusión teórica.

—John en Edmonds, estás en el aire.

—Mi esposa murió de cáncer el año pasado.

—Lamento escuchar eso, John. ¿Cómo es que el tema de esta noche te tocó con respecto a esa experiencia en tu vida?

—Mi hermano Paul es un sacerdote católico. Una noche fue conmigo a visitar a mi esposa Carol. Ella era muy valiente. Los últimos dos años de su vida los pasó en un dolor constante. Era un infierno. No le desearía ni mi a peor enemigo lo que Carol tuvo que pasar, ella era la persona más amable, más generosa y más adorable que he conocido, o que conoceré, en todo caso—su voz se quebró—. De verdad que la extraño. Todavía es muy difícil hablar de ella.

—Respira profundo, John. Lo estás haciendo muy bien. Gracias por ayudarnos a entender lo que Carol y tú sufrieron juntos. ¿Nos puedes contar más acerca de lo que ocurrió?

—Carol me pidió que la ayudara a morir y yo no quería hacerlo. En ocasiones, sentía que si yo realmente la amaba, debería hacer eso por ella. Todos los doctores decían que podían controlar el dolor. Eso es pura [...]. Le administraban drogas hasta que no sintiera dolor y ella estaba como en estado de coma. ¿Qué clase de vida es esa? Luego volvía en sí y estaba en medio de dolores horrendos, y ahí es cuando ella deseaba morir. Se veía tan pequeña y desamparada en esa cama de hospital y sus ojos miraban muy a lo lejos cuando me iba de noche. Nunca sabía si volvería a encontrarla cuando regresara la mañana siguiente. En todo caso, esa noche en particular, Jason, nuestro hijo de dieciséis años, pasó a visitar a mamá, y comenzó a discutir con Paul. Jason me había escuchado hablar con Paul respecto al deseo de Carol de terminar con todo, y sabía que Paul era quien estaba manteniéndola así. La postura de Paul era que, sin importar lo correcto que pareciera, siempre sería la alternativa equivocada a seguir. Carol no lo podía escuchar hablar. Es noche estaba sufriendo muchísimo dolor. Evitó tomar algunas drogas porque quería estar alerta para cuando la visitara Jason.

—¿Y qué ocurrió después?

—Jason y Paul estaban enfrascados en una acalorada discusión cuando, de la nada, Carol comenzó a gritar del dolor. Comenzó a gritar fuerte, luego un poco menos, luego fuerte otra vez. Se trataba de una espantosa combinación de gemidos mezclados con gritos, como si alguien la estuviera torturando. Luego comenzó a llamarme: «John... John... Ya no soporto más esto. Por favor ayúdame. Quiero morir. Ya no aguanto más esto».

Hay momentos en la radio, muy pocos, en los que sientes que estás en medio de algo tan sagrado y privado, tan profundamente humano, tan visceral, mucho más allá del concurso de ideas y, por lo tanto, arraigado en las experiencias humanas centrales y básicas, que te sientes como un intruso. Casi sientes que no quieres estar ahí, pero estás, y aunque estás totalmente involucrado en la intensidad del momento, tratas de saber hacia dónde se dirige todo eso y qué es lo que se supone que debes hacer. Yo no tuve que tomar esa decisión porque John comenzó a hablar otra vez.

—No olvidaré por el resto de mi vida lo que ocurrió luego. Carol gritaba. Jason comenzó a sollozar. Paul se fue hacia una esquina de la habitación. Estaba realmente quieto, como si estuviera congelado, fuera de lugar. La única luz encendida era la lámpara al lado de la cama de Carol. Recuerdo que Paul se veía muy pequeño y su silueta sobre la pared se veía más pequeña aún. Precisamente en ese momento Jason se volteó y corrió a través del cuarto hacia donde yo estaba. Me tomó de la camisa y me empujó contra la pared. Su cara estaba a unos pocos centímetros de la mía. Y me gritó: «¿Por qué no haces algo, hijo de [...]?».

Para este momento, John calló. Sentí como si él hubiera tejido un capullo y todos estuviéramos envueltos en él. John no tenía mucho más que decir. Habló acerca de que nunca ayudó a Carol a quitarse la vida. Dijo que Jason asistió al funeral de su madre pero que todavía no le dirige la palabra a Paul. Dijo que él se sentía ambivalente respecto al consejo espiritual y recomendación de su hermano. «Pudo haber estado en lo correcto pero, ¿cómo es que algo tan correcto puede ser tan malo?».

La parte de la llamada que tengo grabada en mi mente hasta la fecha es la frase de Jason a su padre: «¿Por qué no haces algo, hijo de [...]?». Esta frase captura lo profundo del sentir de una persona para quien esta cuestión no es algo que necesita la respuesta correcta, sino que retrata a una persona que necesita expresar dolor. Los sentimientos no cambian las conclusiones éticas y morales en estas cuestiones, pero sí deben afectar la manera en la que hablamos, enseñamos y predicamos acerca de ellos.

Siempre pensé que esta frase era demasiado linda: «a ellos no les importa cuánto sabes, hasta que se enteran de cuánto te interesas en ellos». Hoy día, cuando pienso en John, pienso también en esa frase.

LOS SERES HUMANOS DETRÁS DE LOS TEMAS

Hay una historia paralela a la llamada de John. En ese tiempo yo era el conductor de un programa de radio en la estación KING 1090 de Seattle pero, sin yo saberlo, éste se escuchaba en la Cadena de Radio Salem, una cadena de rápido crecimiento en busca de nuevos talentos. Esa noche, Bob Ball, un experimentado veterano de la radio cristiana, se encontraba monitoreando mi programa. Él era en ese tiempo teológicamente conservador que había lidiado con muchas cuestiones durante su vida y su carrera, y quien tenían muchísimas respuestas. Pero con esta cuestión, Bob acababa de enfrentarse lo que se convertiría en su tema final. Él sufría de una enfermedad terminal y comenzaba a experimentar un lento pero constante deterioro que al cabo del tiempo terminaría con su vida. No mucho antes de morir, Bob me contó lo mucho que esa transmisión significó para él. «Fue un excelente trato cristiano a un tema muy difícil».

El comentario de Bob me pareció muy interesante porque nunca hablé específicamente acerca de mis creencias religiosas esa noche. Le pregunté qué quería decir. En esencia, me respondió lo siguiente: «Ese programa fue una de las pocas veces que he oído a un cristiano hablar acerca del tema con empatía para las personas que están experimentando el profundo sufrimiento que he conocido». Bob conocía bastante bien el valor que Dios le da a la vida, y tenía claras convicciones acerca del tema de la eutanasia. Pero también entendía de manera profunda y persona el aspecto de la vida que se expresa por medio de la frase «¿por qué no haces algo?». Y él sabía que no somos efectivos con los temas y las respuestas hasta que la gente sepa que nos interesa su condición.

Detrás de cada lucha en la guerra cultural están seres humanos como John, Carol, Paul, Jason y Bob. Eutanasia. Aborto.

Derechos de los homosexuales. Investigación del tejido fetal. Podemos tratar estas cuestiones primero como temas para los cuales tenemos las respuestas correctas o podemos tratarlas primero como temas que afectan a personas hechas a la imagen y semejanza del Dios a quien amamos. ¿Qué haría Jesús?

CAPÍTULO 23

ESPERA EL TIEMPO DE DIOS

ORSON WELLS APARECIÓ EN UN anuncio diciendo lo siguiente: «No serviremos vino antes de tiempo». Hay algunas cosas por las que vale la pena esperar. El proceso de un viaje espiritual hacia Dios se mueve a su propio paso. Aunque a menudo querrás trasladar a tus amigos de A a Z con una conversación, el Dios eterno queda satisfecho con un paso creciente.

El apóstol Pablo reconoció este proceso progresivo, de un paso a la vez, cuando comparó el desarrollo espiritual con la jardinería.

«Yo sembré, Apolos regó, pero Dios ha dado el crecimiento» (1 Corintios 3:6). Así es como el discípulo hace su parte en el continuum de las intervenciones de Dios en la vida de las personas. Y, a su tiempo, Dios hace el resto.

JIM Y BOB

Esta es un relato para ilustrar la perfecta sincronía. Se trataba de dos muy improbables candidatos al reino. Jim era un veterano de la guerra de Viet Nam quien para cuando tenía dieciséis años ya había hecho pedazos el auto de su padre, había dejado la escuela, consumía una cantidad considerable de bebidas ilegales y había reprobado las pruebas de abstinencia y sexo seguro. Pero luego las cosas empeoraron. Se casó con su novia de la preparatoria y continuó con su vida alocada, arriesgando y perdiendo su seguridad financiera más de una vez y arriesgando y casi perdiendo su matrimonio con numerosas infidelidades. Aunque su vida era un desastre, estaba sumamente seguro y sublimemente engañado en la idea de que, con algo de tiempo y luego de algunos descansos, él era capaz de voltear todas estas cosas para bien.

El hermano de Jim, Bob, le hacía parecer un santo. Sus padres lo enviaron fuera del país durante la preparatoria, esperando que eso resultara una experiencia enriquecedora. Lo que recibieron a cambio fue un hijo que descubrió exóticas drogas capaces de alterar el estado mental, la adicción y el estilo de vida bohemio y tosco de sus nuevos amigos en el continente. De vuelta en los Estados Unidos de América, sus brillantes aptitudes técnicas le significaban un considerable ingreso para pagar su hábito y vivir una existencia dual, al estilo Jekyll-Hyde. También se sentía bajo control hasta que los voraces apetitos de su lado oscuro comenzaron a invadir crecientemente, sin invitación y sin control, su otra vida.

De los dos hermanos, Jim fue el primero en despertar de su sueño. Luego de abandonar a su esposa e hijos para buscar la libertad, fortuna y felicidad sin trabas, pronto se dio cuenta de que no tenía el control de la situación, sino que había aterrizado inexplicablemente en un agujero lleno de desechos que él mismo había hecho. No por vez primera, pero de hecho por última vez, suplicó una oportunidad más a su sufrida esposa. En esta ocasión se le impuso una condición para su regreso. Debbie había comenzado a asistir a una iglesia de nombre Willow Creek y había comenzado una relación personal con Jesús. Ella insistió en que si Jim quería otra oportunidad, asistir a Willow Creek era la pena que debía pagar.

Bill Hybels, el pastor de Willow Creek, predicó una serie de sermones acerca de las determinaciones que nos proponemos pero que nunca cumplimos. Obvia decir que Jim ya era algo así como un experto en ese tema. No se le había ocurrido a Jim que en la Biblia hubiera algo remotamente aplicable al ser humano contemporáneo, así que estaba extrañamente incómodo por las palabras de Hybels. Debbie estaba encantada y no muy sorprendida cuando Jim hizo un comentario favorable acerca de la mañana. «Por lo menos no se trata de una iglesia» (Willow Creek es una iglesia, por supuesto, pero siempre están felices de que alguien como Jim esté con la guardia baja por la experiencia). Pasaron meses de reuniones dominicales y de la participación de Jim en un grupo de estudio antes de que la resistencia de Jim se convirtiera en una búsqueda de Jesús. Su viaje espiritual había comenzado. Con una esposa y una familia restaurada, quien no solía cumplir sus promesas se convirtió en alguien que las cumple. Y Jim comenzó a orar por su hermano Bob.

El deseo de Jim por crecer espiritualmente lo condujo a la radio cristiana en donde, por medio de las señales en el aire, conoció a amigos como Alistair Begg, Dennis Rainey, y R. C. Sproul. Sus programas favoritos eran A *New Beggining* [Un Nuevo Comienzo] con Greg Laurie y *The Dick Staub Show* [El Show de Dick Staub], de su servidor. Le gustaba el pragmatismo humorístico de Greg Laurie, una combinación apreciada por muchos de nosotros y evidenciada por el hecho de que la iglesia de Laurie es una de las diez más grandes de los Estados Unidos. Descubrió mi programa cuando su esposa se lo recomendó. A ella le gustaba porque conocía a mi esposa. Con el paso del tiempo nos conocimos personalmente y escuché la asombrosa historia de la conversión de Jim. Él estaba particularmente preocupado por su hermano Bob y me pidió que orara por él. Jim me dijo que Bob estaba pasando por problemas graves. Había sustituido su adicción a las drogas con una adicción al trabajo y estaba comenzando a crear una tensión en su matrimonio. Anoté su nombre en mi agenda y comencé a orar por él de manera regular.

En una ocasión conocí a Bob, a su esposa y a su hijo. El hijo de diez años de Bob me cayó particularmente bien porque conversar con él significó que no tenía que socializar con los adultos en la fiesta a la que nos invitaron. Sin yo saberlo, esta oportunidad de encontrarme con Bob y el ser amigable con su hijo me hicieron ganar una audiencia de dos personas. Esto resultó ser de consecuencias eternas para esa familia, irónicamente a través del contacto con Greg Laurie.

Greg tenía programada una conferencia un martes a las siete de la noche y estuvo de acuerdo en visitar nuestro estudio para entrevistarlo en el programa en vivo a las cinco de la tarde. Nos encontrábamos conversando acerca de la conversión de Greg y de su padre. Cuando él era niño, Greg fue abandonado por su padre y lo conoció ya en su edad adulta. Lo más extraordinario es que la reunión de Greg con su padre incluyó una discusión sobre asuntos espirituales que derivó en que su padre buscara ser restaurado no solo con Greg, sino con Dios. Su padre murió poco después de eso. La experiencia que tuvo Greg con su padre fue un ejemplo del tiempo escogido de Dios.

Recuerdo haberme sentido un poco abrumado al percatarme de que había personas específicas escuchando en ese momento para quienes esta historia podría desencadenar una apertura al evangelio. Le hice a Greg una sencilla pregunta. ¿Qué consejo tienes para aquella persona que nos está escuchando en este momento y que no ha hecho todavía la paz con Dios tal como lo hizo tu padre?

Greg respondió: «¿Recuerdas cuando eras niño? ¿Qué te decía tu mamá cuando salías a jugar? "Regresa antes de que se haga de noche". Mi consejo para todo aquél que no ha hecho la paz con Dios es que vuelva a casa antes de que se haga de noche.

No sabes cuándo acabará tu vida. No te quedes fuera hasta que sea demasiado tarde. Vuelve a casa antes de que se haga de noche».

En cuanto terminó la entrevista, nos apresuramos para llegar a su compromiso de esa noche. Había más de tres mil personas allí y una sensación de expectación en la audiencia. Después de que presenté a Greg, me senté y escuché una de las presentaciones clásicas y culturalmente relevantes de Greg acerca de las buenas nuevas del amor de Dios. Greg terminó su mensaje con una invitación para que todos aquellos que quisieran hacer un compromiso con Jesucristo, pasaran al altar. En cuestión de segundos la totalidad del frente del santuario se llenó de gente en búsqueda espiritual. Orando en silencio, miré al grupo de mas de setecientas personas y mi vista se fijó en un rostro que me era familiar. En primer lugar, vi al hijo de diez años de Bob. Luego me percaté de que él estaba tomado de la mano de su madre. Y luego, al lado de su madre, vi a Bob. Esa noche, ¡la familia entera decidió entregar su vida a Jesucristo!

Los llevaron rápidamente a una habitación para orar y para aconsejarles así que no fue sino hasta el día siguiente que escuché el resto de la historia. Me enteré de que después de la fiesta a la que asistimos Bob decidió que no había problema con mi persona. Su hijo de diez años estaba particularmente impresionado de que hubiera un adulto que pensara como niño de diez años (¡una cualidad que mi esposa no siempre encuentra tan atractiva!). Como resultado de ello comenzaron a escuchar mi programa de radio. Bob también había descubierto el programa de Greg Laurie y lo escuchaba en su trayecto al trabajo.

El martes por la noche, Bob y su familia se dirigían a una reunión mientras escuchaban el radio. Escucharon la historia de Greg sobre su padre. Escucharon mi pregunta sobre aquellos que no habían hecho la paz con Dios. Escucharon la respuesta de Greg acerca de regresar a casa antes de que anocheciera. También escucharon que Greg predicaría en una reunión a las siete de la noche y se dieron cuenta de que no estaba tan lejos de su destino original.

Todas estas son decisiones que hacemos sin entender en realidad las consecuencias. La esposa de Jim invita a mi esposa a cenar. Jim me pide que ore por Bob. Todos decidimos ir a la fiesta en la que conocí a Bob y a su hijo. Greg decide venir a una entrevista a mi programa aunque tenía un compromiso apenas dos horas después. Decidí hacer la pregunta sobre el consejo a quienes están en búsqueda espiritual. Greg decide hablar sobre regresar a casa antes de que anochezca. Bob decide apenas en un segundo no asistir a su reunión para escuchar a Greg en persona. Y luego, en la más excelente decisión de todas, Bob y su familia deciden «regresar a casa antes de que anochezca» al recibir a Cristo en sus corazones.

Todos conocemos la expresión sobre que «todo es cuestión de que sea en el tiempo correcto». En el libro del Eclesiastés, se nos dice que «hay tiempo para todo y tiempo para todos los asuntos debajo del cielo». ¿Acaso hay un «Bob» por el que has estado orando? Déjame animarte a que ores, comuniques tu fe y confíes en el tiempo de Dios. Pero si tú eres ese «Bob» y no has hecho todavía las paces con Dios, mi consejo para ti es el siguiente: «¡Regresa a casa antes de que anochezca!».

CAPÍTULO 24

ANTICIPA DERROTAS PORTENTOSAS

EL AUTOR DEL LIBRO DEL ECLE-
siastés escribió: «No hay fin en
escribir libros, y el mucho estudio
es fatiga de la carne». Recuerdo
que Walter Bagehot dijo lo siguiente: «La razón por la que se
escriben tan pocos libros es que
muy pocas de las personas que
pueden escribir saben algo». Por
fin llegamos a un capítulo para el
que estoy totalmente calificado a
escribir. Por favor no te engañes al
pensar que esta gran casa editorial
realizó una búsqueda a nivel nacional para hallar a la personalidad cristiana más exitosa y

atractiva en el mundo con el objeto de escribir acerca de ser discípulo de Jesús, y que tal búsqueda les llevó directamente a la puerta de mi casa. Por el contrario, aunque yo sigo a Jesús e intento comunicarlo al mundo todos los días, estoy seguro de que mis fracasos sobrepasan al número de mis éxitos. Cuando se trata de fracasar, yo sé de qué estoy hablando.

Se trataba del primer paso en mi viaje de Chicago hacia Hong Kong vía San Francisco. Los objetivos de mi viaje eran nobles, ya que iba de camino a introducir de contrabando Biblias en China para que la gente perdida escuchara del evangelio. Luego, por supuesto, yo regresaría a casa para reportar sus necesidades e, incidentalmente, recibir una cantidad considerable de adulación por mi admirable sacrificio y por tomar ese riesgo. Sin embargo, lamentablemente, en ese momento estaba sufriendo de la misma miopía espiritual que sufren muchos que desean ansiosamente salvar al mundo entero. Y es que yo no estaba precisamente muy entusiasta en mi compasión por el hombre homosexual que se sentó a mi lado en el avión porque, aunque normalmente soy gregario, en ese momento me sentía como si estuviera solo. Mis cálculos mentales iban más o menos por la siguiente lógica: Él es homosexual. Yo soy el conductor de un programa de radio en una cadena cristiana. Él probablemente desprecia a los comunicadores cristianos porque, en general, tienen una actitud hostil y no amorosa hacia los homosexuales. Aunque tanto él como yo detestamos esas palabras y actitudes hostiles, yo estoy muy, pero muy cansado y simplemente me faltan las fuerzas para ganar su confianza y mostrarle una clase distinta de cristiano por medio de eliminar todos los obstáculos que sé que existen entre él y yo. Aunque sentí una clara indicación de hablar con este hombre, ignoré esa vocecita y concluí que esta era una situación destinada al desastre. En mi fatiga, no quería tomar parte en esto.

Así que inicié la rutina del viajero solitario. Los viajeros solitarios saben a lo que me refiero. Tontamente te concentras en un libro o en una revista, mirando invariablemente hacia el frente y sin voltear a tu izquierda o a tu derecha. Tu conducta emula a Albert Einstein: estás meditando ideas profundas e importantes que es posible que cambien el curso intelectual de toda la raza humana. En momentos como este, cuando te sientas junto a un intelecto de tal altura, cualquier pasajero en sus cinco sentidos sabe que no puede molestarte. Muy pronto fue evidente que todas mis distracciones eran innecesarias porque, para mi gran alivio, él también se veía poco interesado en conversar. Era cortés y amable, pero en lo absoluto se mostró con interés.

Sin embargo, unos cuantos minutos antes de aterrizar, decidí que ya estaba listo para conversar y le pregunté si radicaba en San Francisco. «Sí», me respondió. Y luego dijo: «Estoy de vuelta luego del funeral de mi madre en Iowa. Murió de cáncer. Su muerte realmente me sacudió». Para ese momento ya había reconocido las marcas del dolor humano: una callada reticencia, una mirada perdida, una entonación matizada de dolor y de fatiga en su voz, una comida sin tocar, profundos suspiros, períodos cortos de sueño. Y las lágrimas casi imperceptibles que acababan de aparecer ante la más mínima muestra de amabilidad humana.

Me sentí avergonzado, y con razón. El vuelo estaba por terminar. Una fugaz oportunidad se había perdido, le dije expresé mis condolencias y luego de anotar su nombre le dije que oraría por él durante los siguientes treinta días. Me pareció genuinamente agradecido. Le describí el libro de Nick Taylor *A Necessary End* [Un Fin Necesario] y le recomendé que lo leyera. Recogimos nuestro equipaje de mano y nos dirigimos hacia la abarrotada terminal aérea, en donde nos separamos para nunca volver a vernos otra vez.

OTRO FRACASO

Lo que quiero que entiendas es que soy un hombre de portentosos fracasos y derrotas. Mis deficiencias no se reservan exclusivamente para los extraños. Las despliego generosamente hasta con mis amigos y vecinos. Permíteme, por ejemplo, contarte la historia de Rob.

«¿Y a quién se refiere la Inmaculada Concepción?». El sábado por la noche continué conversando con Rob. Él es un consultor extremadamente exitoso que tiene un gran corazón y un inquebrantable compromiso con la integridad personal. Él es el tipo de persona que se irrita cuando ve que un consultor infla la factura de un cliente o presenta un reporte de gastos más elevado a su propia compañía. Rob, una persona honesta, trabajadora e inmensamente agradable, es también alguien abiertamente inquieto que también está involucrado en una búsqueda espiritual personal. Supe esto de Rob en su fiesta sorpresa de celebración por sus cuarenta años. Kathy y yo estábamos muy contentos de haber sido invitados porque, aunque siempre disfrutábamos de la presencia de esta pareja, solamente les veíamos esporádicamente o en los encuentros de fútbol de nuestros hijos.

La fiesta inició con barra libre de bebidas en un restaurante popular. Para cuando los invitados se dispusieron a cenar, el volumen de las conversaciones estaba bastante elevado y la forma de hablar de muchos estaba considerablemente dispersa. Rob me tomó del brazo e insistió en que me sentara frente a él y, dada la naturaleza limitada de nuestras relaciones personales previas, era un honor sorprendente. «¿Ves a esta mujer sentada a mi lado?», me dijo, señalando a su esposa. «Ella es una verdadera cristiana. Una santa». Hizo una pausa y, mientras ella se cubría el rostro con timidez, él continuó: «Yo, por otro lado, simplemente no entiendo. Le digo a otras personas las razones por las que deben creer en Dios, pero parece que no alcanzo a sentir que ya estoy en eso totalmente».

Para ese momento, el buffet estaba listo y nos estaban llamando para seleccionar nuestra comida. Otra de las amigas de Rob, que estaba sentada cerca, se inclinó e instó a Rob a cambiar de tema: «Esto se está poniendo demasiado denso», dijo. «¡Vamos por algo de comer!».

Rob invitó a los otros a adelantarse pero me llamó para que lo siguiera. Terminamos en una esquina del restaurante en donde me bombardeó con preguntas. Traté de contestarlas y dirigirlo hacia Jesús. Al estar secuestrado por el niño del cumpleaños en una conversación intensa y privada mientras sus invitados al banquete estaban desatendidos por ahí, me pareció algo ligeramente descortés, incluso para una criatura socialmente obtusa como yo, y sentí que debería devolverle a la compañía de sus frenéticos invitados.

Así que sugerí que termináramos nuestra conversación en otro momento y le sugerí que leyera el evangelio de Juan. «No me gusta leer y no he leído un libro en veinte años», respondió. Nos abrimos paso hacia la mesa en donde cambiamos de tema y todos la pasamos bien. Me pregunté, sin embargo, si es que había manejado bien la situación. ¿Debí haber dicho o hecho algo de manera distinta?

La semana siguiente, al conversar con unos amigos míos, repetí esta historia para ilustrar el hambre espiritual que nos rodea. Intenté dar continuidad a mi conversación con Rob, pero todo se complicó. Él comenzó a viajar, la temporada de fútbol terminó y, ahora, un año entero después, nos sentamos a la mesa a cenar y me está preguntando sobre la Inmaculada Concepción.

La respuesta, por supuesto, es que la doctrina de la iglesia católica romana es que la Inmaculada Concepción se refiere a María. Rob me dijo que yo era la primera persona a quien le había preguntado que no pensaba que se refería a la concepción de Jesús. A partir de esta cuestión doctrinal continuamos hablando de una conversación que él tuvo con una mujer muy religiosa e inteligente que leyó un libro en el que se afirmaba que Jesús había pecado como cualquiera de nosotros. El libro incluía relatos acerca de un jovial y malévolo Jesús que utilizaba poderes sobrenaturales para cobrárselas con otros niños que le molestaban. Algo así como un Eddie Haskel sobrenatural. Pude rebatir estos mitos sobre los evangelios apócrifos e intenté redirigir la nave de regreso a una discusión más fructífera sobre Jesús, pero luego llegaron los otros invitados a la cena y Rob volvió a contar su historia acerca de la Inmaculada Concepción a estos invitados católicos. Para deleite de Rob, ellos respondieron de manera equivocada y la oportunidad para conversar se perdió en esa noche, y quizá para siempre.

Me consuelo con saber que normalmente hay una progresión de acontecimientos y conversaciones relacionadas con la conversión de cualquier persona, pero siento que abandoné a Rob a su suerte al fracasar en darle continuidad a la conversación que iniciamos durante su fiesta de cumpleaños. Había una puerta abierta de par en par y yo permití que mis muchas ocupaciones la cerraran.

EL MUNDO Y MIS VECINOS DE AL LADO

Mi vida en el mundo con Jesús es una sucesión de fracasos así y me hace difícil tratar de instar a otros a seguir a Jesús en dirección hacia el mundo y llevando una conciencia de integridad personal. ¿Quién soy yo para instarte a seguir la ruta del «demasiado cristiano-demasiado mundano», cuando mi vida está ensuciada con historias de oportunidades perdidas?

Durante los años ochenta, me involucré en desafiar a los profesionales cristianos a aceptar trabajos en el extranjero para que estuvieran en la capacidad de tener acceso a gente que necesita el evangelio pero que vive en países que no concedían visas para misioneros. En esa época, cerca del 82 por ciento del mundo no alcanzado vivía en países inaccesibles para los misioneros tradicionales. Así que, mientras que más de sesenta mil misioneros norteamericanos trabajan en el extranjero, la mayoría de ellos no penetra a estos países de acceso restringido. Entre tanto, más de tres millones de norteamericanos viven y trabajan en el extranjero, muchos de ellos en estos países restrictivos. Para mí eran claras las implicaciones estratégicas. Necesitábamos ayudar a los cristianos dedicados a obtener estos empleos en los países cerrados y, a través de ellos, alcanzar a los no alcanzados. Se trataba de un trabajo emocionante y de alguna manera exótico, dadas las oportunidades de viajar al extranjero. Uno de mis amigos, que se enteró de mis itinerarios de viaje, cree hasta la fecha que yo estaba en una misión secreta para la CIA. Mis viajes me llevaban a los destinos más inusuales: Bulgaria, Rumania, la URSS, China y el Cercano Oriente, entre otros. Cada vez que viajaba, estaba fuera durante semanas.

En una ocasión, cuando regresé como a las 2 de la mañana de uno de estos largos y agotadores viajes, vi una ambulancia estacionada frente a nuestra casa. Stella, la esposa de Ed, sufrió un ataque al corazón y en ese momento iban a trasladarla al hospital para su tratamiento de emergencia. Me di cuenta de que, con todo y mis viajes para salvar al mundo, había dejado abandonados a mis propios vecinos. Otro de mis vecinos, Barry, recientemente había perdido a su hija adolescente a manos del asesino de Green River, un homicida serial responsable de varias muertes en uno de los misterios sin resolver más aterrorizantes de Norteamérica.

Estoy más que conciente de mis fracasos con los vecinos. La semana próxima nos mudaremos de este vecindario en el que hemos pasado más de ocho años. En esos ocho años he tratado de influenciar a otros para que sean un representante de Cristo en su círculo de influencia. Sin embargo, volví a fracasar en esto con dos vecinos míos. Jan, nuestra vecina al sur, es una madre soltera con dos hijos que se divorció de su esposo unos tres años atrás. Soy amigable y risueño, pero debo confesar que no he hecho nada para descubrir formas para ayudarle a ella y a sus hijos a través de lo que indudablemente ha sido un ajuste muy difícil. En una ocasión ella habló de mover un *caboose* para que jugara uno de sus hijos en su patio trasero. Algunos vecinos y yo expresamos nuestra gran preocupación. Al recordarlo, me doy cuenta de que estaba más preocupado en que ella mantuviera un jardín de aspecto agradable para que las propiedades mantuvieran sus valores altos, que lo que me había preocupado averiguar quién era ella y mostrarle el amor de Cristo de manera práctica. Afortunadamente, Ray y Debbie, los cristianos de la acera de enfrente, han sido diligentes en extender sus lazos amistosos con Jan y en mostrarle gentileza. Siento que ellos son los que deberían estar escribiendo este libro, y no yo.

Luego está mi vecino de enfrente. Se mudó al vecindario junto con su esposa y su hija adolescente hace un año en Agosto con el propósito expreso de sacar a su hija de una situación ocurrida en un barrio urbano de la ciudad. Él trabaja para el sindicato de trabajadores y coloca etiquetas de Hoffa en su parachoques para demostrarlo, mientras que el resto del vecindario es más bien un conjunto de republicanos de cuello blanco y corbata. El año pasado, una noche antes de que iniciaran los cursos escolares, vino con su hija para preguntar el horario del autobús escolar. Charlamos y parecía ansioso de ser complaciente y de ser aceptado.

Unas semanas después, Kathy fue la anfitriona de una reunión para tomar té para las señoras de nuestra calle y la esposa del nuevo vecino se presentó con su propio café, del cual las otras invitadas insistieron después que contenía vodka. Desde esa ocasión su conducta errática ha dejado a algunos vecinos con la duda respecto a si detrás de las cortinas cerradas está una mujer atribulada. Justo antes de que yo me mudara del vecindario, muy temprano en la mañana, cuando saqué al perro a caminar, mi vecino estaba regando su césped. Lo saludé, nuestros ojos se encontraron y lo que vi fue a un hombre abrumado y triste. Este es justamente el tipo de situación al que Jesús le encantaba entrar, llevando restauración a la gente. Pero nos estábamos mudando. Una oportunidad más que perdí.

¿Cuál es la razón por la que te cuento estas historias? Es porque con toda la emoción de las victorias ocasionales obtenidas para Jesús en el mundo, yo, al igual que tú, he recibido más de mi ración de portentosas derrotas. ¿Qué hago, entonces, con el conocimiento de mis fracasos regulares?

Le pido a Dios que me perdone. Oro por que Dios abra mis ojos continuamente a la gente que está alrededor y me haga receptivo a su llamado. Trato de aprender de las oportunidades perdidas, y trato de no dejar pasar ninguna oportunidad nueva que se presente en mi camino.

Cierro este capítulo con una amonestación de Wes King, quien lo dice de la siguiente manera en su álbum *Room Full of Stories* [Una Habitación llena de Relatos]:

> Quebranta mi corazón, abre mis ojos, lléname de compasión.
> Muéstrame la forma de ser un imitador de Jesús para el universo,
> Un imitador de Jesús para el universo que empieza en la puerta de al lado.

CAPÍTULO 25

■ QUEMA LAS NAVES

EN SU LIBRO TELLING THE TRUTH [Contando la Verdad], Frederick Buechner dice: «Los evangelios desdeñan de igual forma los finales de sacarina y la esperanza cocida a medias. Más bien, registran la tragedia del fracaso humano, la comedia de ser el objeto de un amor abrumador por parte de Dios a pesar de ese fracaso, y el cuento de hadas de la transformación por medio de ese amor».

Te he instado a que sigas a Jesús en dirección hacia el mundo. Te he instado a que experimentes el evangelio, lo vivas y lo articules de forma atractiva. Ahora te pido que resistas hasta el final. Resiste, como lo hizo mi abuelo.

Mi abuelo murió cuando contaba con más de setenta años luego de servir a Dios durante toda su vida. La noche anterior a su muerte, estaba mirando las noticias por televisión y el reporte de una secta de muy rápido crecimiento. Mi abuelo se fue a la cama. Mi papá tenía dispuesto un catre en la habitación de manera que pudiera ayudar a mi abuelo en la noche. A media noche, mi abuelo despertó y le preguntó a papá qué podía hacerse acerca de esta secta. Unas horas después, murió pronunciando sus últimas palabras, amando a los perdidos hasta el mismo final.

El himno favorito de mi abuelo fue escrito por A. B. Simpson, y siempre me animó a hacerlo mío.

> Señor, me has confiado
> Una alta y santa dispensación,
> Para contar al mundo, y eso debo hacer,
> La historia de tu gran salvación.
> Pudiste haber enviado desde los cielos
> Huestes celestiales para relatar la historia
> Pero en tu condescendiente amor
> Por el hombre, has conferido la gloria
> De la que todos somos deudores a nuestros congéneres;
> Dios nos une el uno al otro
> Los dones y las bendiciones de su gracia
> Nos los dieron para darlos a nuestro hermano
> Le debemos a todo hijo del pecado
> Una oportunidad, al menos, de esperar el cielo{
> Oh, por el amor que nos atrajo,
> Que el socorro y la esperanza se les concedan.
> Concédeme ser fiel a mi misión,
> Contando al mundo la historia;
> Deja que la congoja siga en mi corazón;
> Haz que mis pies caminen;
> Concédeme ser fiel a mi misión
> Y úsame para tu gloria.

Subyacente en ese arcaico lenguaje late el corazón de un hombre que sintió la compasión de Jesús por el mundo y que dedicó su vida a abrazar, representar y comunicar el evangelio. Esta es tu misión, mi misión, nuestra misión. Pero como todo aquél que ha jurado cumplir este llamamiento y ha soportado te lo dirá, este no es el más fácil de los caminos. Escucha el consejo del apóstol Pablo a Timoteo acerca de vivir para Jesús en el mundo: «Predica la Palabra; persiste en hacerlo, sea o no sea oportuno; corrige, reprende y anima con mucha paciencia, sin dejar de enseñar. ... Tú, por el contrario, sé prudente en todas las circunstancias, soporta los sufrimientos, dedícate a la evangelización; cumple con los deberes de tu ministerio» (2 Timoteo 4:2, 5).

Inicié este libro explicando una paradoja. Dije que la mayoría de los cristianos son o muy cristianos o muy mundanos y que si tú realmente sigues a Jesús parecerás tanto demasiado cristiano para tus amigos mundanos como demasiado mundano para tus amigos cristianos. Tus incursiones al mundo serán desagradables para muchos cristianos. Tu solicitud por las cosas espirituales incomodará a muchos mundanos. El camino menos transitado requiere de persistencia y de soportar el sufrimiento. Durante una guerra, cualquier baja duele, pero las bajas ocasionadas por el fuego amigo son particularmente dolorosas. Quiero animarte a soportar hasta el fin.

Te tengo buenas noticias. No estarás solo. En la película *Encuentros Cercanos del Tercer Tipo*, individuos de todo el mundo se convierten en una comunidad de creyentes que simplemente por reconocer la misma melodía de cinco notas que se convirtió en la señal de comunicación de la nave espacial. De forma similar, he descubierto una rica fraternidad de discípulos en todo el mundo, quienes al seguir a Jesús han oído el refrán de «demasiado cristiano, demasiado pagano» exactamente como yo. Aunque en ocasiones te sientas ajeno tanto en la subcultura cristiana como en la cultura mundana, hallarás la más rica camaradería posible entre las almas valientes que, al igual que tú, estimaron el costo y decidieron seguir a Jesús.

Así que, si no lo has hecho ya, prepárate para la zambullida. Prepárate para seguir a Jesús y dirigirte al mundo, experimentando el evangelio de manera personal y viviéndolo y articulándolo en formas relevantes para la cultura. Y luego de soportar el sufrimiento por el evangelio, déjale el resto a Dios. Aspira a ser, junto conmigo, como los exploradores en la canción de Steven Curtis Chapman titulada *Burn the Ships* [Quemen las Naves]:

En la primavera de 1519 una flota española se lanzó a la mar
Cortés le dijo a sus marinos que esta misión no debía fracasar.
A las costas orientales de México ellos
    Llegaron con grandes ilusiones,
Pero las dificultades del Nuevo Mundo
    Les inquietaron y los debilitaron.
Calladamente susurraron: «Naveguemos de regreso
    A la vida que conocíamos»
Pero aquél que los dirigió hasta allí decía...
Quemen las naves, vinimos para quedarnos
De ninguna manera volveremos,
    Ahora que hemos llegado hasta aquí por fe.
Quemen las naves, ya cruzamos el punto de no regreso,
Nuestra vida está aquí, así que dejen que las naves se quemen.

DISFRUTE DE OTRAS PUBLICACIONES DE EDITORIAL VIDA

Desde 1946, Editorial Vida es fiel amiga del pueblo hispano a través de la mejor literatura evangélica. Editorial Vida publica libros prácticos y de sólidas doctrinas que enriquecen el caudal de conocimiento de sus lectores.

Nuestras Biblias de Estudio poseen características que ayudan al lector a crecer en el conocimiento de las Sagradas Escrituras y a comprenderlas mejor. Vida Nueva es el más completo y actualizado plan de estudio de Escuela Dominical y el mejor recurso educativo en español. Además, nuestra serie de grabaciones de alabanzas y adoración, Vida Music renueva su espíritu y llena su alma de gratitud a Dios.

En las siguientes páginas se describen otras excelentes publicaciones producidas especialmente para usted. Adquiera productos de Editorial Vida en su librería cristiana más cercana.

DEDICADOS A LA EXCELENCIA

Una vida
con propósito

Rick Warren, reconocido autor de *Una Iglesia con Propósito*, plantea ahora un nuevo reto al creyente que quiere alcanzar una vida victoriosa. La obra enfoca la edificación del individuo como parte integral del proceso formador del cuerpo de Cristo. Cada ser humano tiene algo que le inspira, motiva o impulsa a actuar a través de su existencia. Y eso es lo que usted podrá descubrir cuando lea las páginas de *Una vida con propósito*.

0-8297-3786-3

Si quieres caminar sobre las aguas, tienes que salir de la barca

Cristo caminó sobre las aguas con éxito, si quieres hacerlo solo hay un requisito: *Si quieres caminar sobre las aguas, tienes que salir de la barca.* Hoy Jesús te extiende una invitación a enfrentar tus temores, descubrir el llamado de Dios para tu vida y experimentar su poder.

0-8297-3536-4

Nos agradaría recibir noticias suyas.
Por favor, envíe sus comentarios sobre este libro
a la dirección que aparece a continuación.
Muchas gracias.

Editorial Vida
7500 NW 25 Street, Suite 239
Miami, Florida 33122

Vidapub.sales@zondervan.com
http://www.editorialvida.com